I0380748

101 Days of Math Test

Content table

Multiply by 0	-------------	1-10
Multiply by 1	-------------	11-20
Multiply by 2	-------------	21-30
Multiply by 3	-------------	31-40
Multiply by 4	-------------	41-50
Multiply by 5	-------------	51-60
Multiply by 6	-------------	61-70
Multiply by 7	-------------	71-80
Multiply by 8	-------------	81-90
Multiply by 9	-------------	91-100
Key answer	-------------	101

Day 1

Multiplying by 0

Name : .... Date : ....

Score : /100

Time : :

9 × 0	0 × 1	6 × 0	0 × 4	0 × 3	5 × 0	8 × 0	7 × 0	4 × 0	3 × 0
7 × 0	2 × 0	0 × 5	1 × 0	0 × 4	8 × 0	0 × 2	0 × 8	6 × 0	9 × 0
4 × 0	0 × 6	0 × 5	7 × 0	0 × 3	0 × 8	0 × 6	0 × 9	0 × 1	8 × 0
5 × 0	2 × 0	0 × 9	0 × 1	0 × 8	7 × 0	4 × 0	0 × 3	6 × 0	0 × 1
6 × 0	0 × 5	9 × 0	0 × 9	4 × 0	0 × 8	0 × 4	9 × 0	0 × 1	0 × 7
0 × 4	0 × 2	0 × 1	0 × 3	0 × 6	0 × 8	5 × 0	9 × 0	1 × 0	0 × 7
7 × 0	4 × 0	9 × 0	4 × 0	7 × 0	6 × 0	1 × 0	0 × 2	0 × 8	5 × 0
5 × 0	0 × 6	8 × 0	0 × 2	0 × 7	4 × 0	0 × 3	0 × 4	0 × 9	1 × 0
1 × 0	2 × 0	6 × 0	1 × 0	0 × 8	0 × 9	5 × 0	0 × 4	7 × 0	6 × 0
0 × 4	8 × 0	0 × 2	4 × 0	6 × 0	3 × 0	0 × 7	5 × 0	9 × 0	1 × 0

Notes

Page: 1

Day 2

Name : .... Date : ....

Score : /100

Time : :

Multiplying by 0

0 × 4	9 × 0	0 × 7	0 × 8	6 × 0	4 × 0	0 × 5	0 × 7	0 × 1	0 × 2
6 × 0	5 × 0	0 × 1	0 × 7	0 × 9	0 × 3	0 × 5	8 × 0	6 × 0	4 × 0
0 × 7	0 × 2	0 × 5	0 × 4	7 × 0	9 × 0	6 × 0	1 × 0	0 × 7	8 × 0
5 × 0	0 × 4	1 × 0	6 × 0	9 × 0	0 × 6	5 × 0	0 × 2	0 × 8	0 × 7
0 × 9	0 × 2	6 × 0	5 × 0	0 × 1	0 × 5	0 × 8	4 × 0	0 × 7	9 × 0
7 × 0	4 × 0	0 × 1	5 × 0	0 × 9	0 × 8	0 × 9	6 × 0	0 × 5	4 × 0
1 × 0	0 × 6	7 × 0	6 × 0	0 × 4	9 × 0	5 × 0	4 × 0	0 × 8	0 × 2
8 × 0	0 × 9	5 × 0	0 × 4	3 × 0	0 × 7	1 × 0	8 × 0	0 × 6	2 × 0
0 × 5	4 × 0	0 × 7	9 × 0	5 × 0	0 × 1	0 × 5	0 × 9	0 × 6	0 × 8
0 × 8	7 × 0	3 × 0	9 × 0	6 × 0	2 × 0	4 × 0	0 × 2	0 × 5	0 × 1

Notes

Day3

Name : . . . . Date : . . . .

Score : /100

Time : :

Multiplying by 0

5 × 0	7 × 0	0 × 9	6 × 0	0 × 3	0 × 4	9 × 0	3 × 0	8 × 0	0 × 1
5 × 0	1 × 0	7 × 0	0 × 9	8 × 0	4 × 0	2 × 0	6 × 0	5 × 0	0 × 7
0 × 2	3 × 0	0 × 5	6 × 0	0 × 9	0 × 4	0 × 1	0 × 8	6 × 0	7 × 0
1 × 0	3 × 0	2 × 0	4 × 0	6 × 0	0 × 7	0 × 6	9 × 0	8 × 0	0 × 5
0 × 4	6 × 0	0 × 2	8 × 0	7 × 0	1 × 0	0 × 0	0 × 1	0 × 9	0 × 5
0 × 6	0 × 1	5 × 0	0 × 4	0 × 7	8 × 0	7 × 0	2 × 0	4 × 0	9 × 0
5 × 0	3 × 0	2 × 0	4 × 0	8 × 0	0 × 2	0 × 6	9 × 0	0 × 1	0 × 7
6 × 0	7 × 0	4 × 0	5 × 0	0 × 3	0 × 4	1 × 0	0 × 8	0 × 3	9 × 0
8 × 0	0 × 1	0 × 3	0 × 7	1 × 0	0 × 5	0 × 4	9 × 0	0 × 2	6 × 0
5 × 0	0 × 5	7 × 0	0 × 8	0 × 9	8 × 0	0 × 1	0 × 6	7 × 0	0 × 4

Notes

Day 4

Multiplying by 0

Name : .... Date : ....

Score : /100

Time : :

9×0	0×4	0×3	3×0	8×0	0×3	6×0	0×1	7×0	0×5
1×0	0×3	0×4	0×9	0×7	0×5	4×0	0×8	5×0	6×0
0×6	0×5	9×0	4×0	7×0	1×0	6×0	2×0	8×0	0×3
4×0	1×0	9×0	7×0	4×0	6×0	0×5	8×0	1×0	3×0
1×0	9×0	8×0	0×8	0×6	0×7	4×0	9×0	0×2	0×5
0×8	0×9	6×0	7×0	0×1	0×5	4×0	2×0	0×8	0×3
4×0	8×0	2×0	0×1	5×0	3×0	7×0	0×6	0×9	0×4
5×0	0×4	4×0	0×1	5×0	0×7	0×9	0×9	0×8	6×0
7×0	4×0	2×0	9×0	0×5	8×0	0×6	9×0	0×1	8×0
0×1	0×2	4×0	3×0	0×8	0×7	5×0	9×0	8×0	6×0

Notes

Day5

Multiplying by 0

Name : . . . . Date : . . . .

Score : /100

Time : :

8×0	0×4	0×1	6×0	0×4	0×5	0×7	0×9	2×0	0×3
9×0	0×7	4×0	0×5	0×2	1×0	1×0	0×3	8×0	0×6
0×6	8×0	0×3	5×0	0×1	9×0	4×0	0×2	7×0	0×6
1×0	0×5	4×0	6×0	9×0	0×8	7×0	0×9	0×3	0×1
0×2	1×0	4×0	8×0	7×0	6×0	1×0	5×0	9×0	3×0
0×2	1×0	6×0	0×5	7×0	0×9	0×3	4×0	0×8	9×0
0×8	6×0	0×9	3×0	4×0	8×0	7×0	1×0	5×0	7×0
0×3	9×0	5×0	0×6	6×0	2×0	4×0	0×8	1×0	7×0
7×0	0×1	5×0	0×2	0×5	0×6	0×8	9×0	0×2	4×0
0×1	0×9	0×2	0×6	0×3	0×5	0×4	0×7	0×4	0×8

Notes

Day6

Name : . . . . Date : . . . .

Score : /100

Time : :

Multiplying by 0

4 × 0	7 × 0	2 × 0	5 × 0	0 × 1	6 × 0	0 × 4	0 × 9	0 × 3	8 × 0
4 × 0	0 × 9	0 × 8	0 × 4	0 × 9	0 × 1	7 × 0	5 × 0	0 × 2	6 × 0
0 × 9	0 × 7	8 × 0	0 × 3	0 × 4	0 × 5	6 × 0	0 × 8	0 × 2	0 × 1
2 × 0	7 × 0	0 × 9	0 × 6	0 × 5	3 × 0	0 × 1	8 × 0	0 × 4	0 × 8
4 × 0	0 × 7	9 × 0	0 × 8	9 × 0	0 × 3	1 × 0	5 × 0	0 × 5	6 × 0
2 × 0	0 × 9	8 × 0	0 × 3	7 × 0	0 × 5	0 × 4	6 × 0	0 × 5	1 × 0
4 × 0	0 × 1	3 × 0	8 × 0	0 × 7	0 × 6	9 × 0	0 × 5	0 × 3	0 × 3
0 × 3	1 × 0	7 × 0	4 × 0	9 × 0	0 × 5	0 × 9	0 × 2	6 × 0	0 × 8
4 × 0	7 × 0	0 × 9	0 × 1	0 × 3	4 × 0	8 × 0	0 × 5	0 × 6	9 × 0
0 × 2	5 × 0	9 × 0	2 × 0	9 × 0	7 × 0	1 × 0	6 × 0	0 × 4	8 × 0

Notes

Day7

Name : . . . . Date : . . . .

Score : /100

Time : :

Multiplying by 0

1	8	6	0	7	3	0	5	9	4
× 0	× 0	× 0	× 2	× 0	× 0	× 5	× 0	× 0	× 0
5	0	4	0	2	0	1	6	9	5
× 0	× 7	× 0	× 6	× 0	× 8	× 0	× 0	× 0	× 0
0	6	0	0	0	0	0	0	0	1
× 9	× 0	× 5	× 2	× 8	× 9	× 3	× 7	× 4	× 0
0	0	8	0	0	0	0	0	0	0
× 6	× 5	× 0	× 7	× 1	× 1	× 3	× 9	× 2	× 4
1	4	5	0	0	0	3	0	5	8
× 0	× 0	× 0	× 9	× 6	× 7	× 0	× 2	× 0	× 0
5	1	0	7	4	0	0	2	0	0
× 0	× 0	× 9	× 0	× 0	× 8	× 1	× 0	× 3	× 6
4	0	6	1	0	2	0	3	0	9
× 0	× 5	× 0	× 0	× 8	× 0	× 7	× 0	× 6	× 0
0	1	5	0	8	9	0	4	0	7
× 9	× 0	× 0	× 2	× 0	× 0	× 6	× 0	× 3	× 0
7	5	0	0	0	9	4	6	2	4
× 0	× 0	× 8	× 7	× 1	× 0	× 0	× 0	× 0	× 0
7	0	1	5	0	0	0	3	0	5
× 0	× 2	× 0	× 0	× 8	× 6	× 9	× 0	× 4	× 0

Notes

Day 8

Name : . . . . Date : . . . .

Score : /100

Time : :

Multiplying by 0

0 × 3	9 × 0	0 × 4	6 × 0	5 × 0	0 × 5	1 × 0	0 × 8	2 × 0	0 × 7
0 × 4	6 × 0	0 × 9	4 × 0	7 × 0	0 × 5	8 × 0	1 × 0	0 × 2	5 × 0
6 × 0	0 × 1	9 × 0	8 × 0	2 × 0	9 × 0	5 × 0	0 × 7	0 × 4	1 × 0
0 × 9	0 × 7	0 × 8	1 × 0	6 × 0	0 × 3	5 × 0	0 × 8	0 × 2	0 × 4
9 × 0	0 × 7	8 × 0	5 × 0	3 × 0	2 × 0	0 × 4	4 × 0	0 × 1	6 × 0
1 × 0	0 × 5	7 × 0	2 × 0	0 × 6	0 × 9	0 × 8	0 × 7	0 × 4	0 × 3
7 × 0	0 × 8	0 × 9	0 × 1	0 × 5	4 × 0	9 × 0	0 × 3	4 × 0	6 × 0
1 × 0	7 × 0	0 × 1	0 × 5	9 × 0	8 × 0	5 × 0	0 × 6	1 × 0	4 × 0
0 × 9	7 × 0	4 × 0	0 × 1	0 × 3	0 × 0	0 × 2	6 × 0	0 × 5	0 × 8
0 × 4	0 × 2	0 × 9	1 × 0	0 × 8	9 × 0	0 × 5	0 × 3	0 × 6	7 × 0

Notes

Day 9 — Multiplying by 0

Name : .... Date : ....   Score : /100   Time : :

3	0	1	0	0	2	1	7	0	5
×0	×8	×0	×9	×6	×0	×0	×0	×4	×0

0	6	0	5	0	0	0	0	0	4
×1	×0	×3	×0	×8	×5	×7	×9	×4	×0

4	0	0	0	5	0	0	1	0	8
×0	×2	×9	×3	×0	×4	×6	×0	×7	×0

0	4	6	5	0	0	0	0	3	0
×3	×0	×0	×0	×4	×7	×1	×9	×0	×8

0	3	9	0	5	1	2	7	8	6
×4	×0	×0	×1	×0	×0	×0	×0	×0	×0

8	8	4	0	9	5	7	1	0	0
×0	×0	×0	×7	×0	×0	×0	×0	×6	×3

0	4	0	6	0	0	0	0	2	8
×4	×0	×3	×0	×1	×7	×9	×5	×0	×0

0	1	8	5	4	7	0	6	0	0
×6	×0	×0	×0	×0	×0	×9	×0	×4	×2

0	2	4	7	5	8	0	9	0	0
×6	×0	×0	×0	×0	×0	×1	×0	×2	×8

0	0	9	1	0	0	0	0	6	0
×2	×3	×0	×0	×6	×4	×7	×5	×0	×8

Notes

Day10

Multiplying by 0

Name : . . . . Date : . . . .

Score : /100

Time : :

3 × 0	2 × 0	0 × 7	9 × 0	0 × 1	0 × 8	5 × 0	0 × 6	4 × 0	7 × 0
4 × 0	0 × 3	7 × 0	0 × 2	0 × 8	9 × 0	0 × 6	8 × 0	1 × 0	0 × 5
6 × 0	6 × 0	2 × 0	0 × 7	0 × 9	8 × 0	4 × 0	0 × 5	0 × 1	0 × 3
6 × 0	9 × 0	0 × 5	1 × 0	7 × 0	9 × 0	5 × 0	4 × 0	0 × 8	4 × 0
0 × 5	6 × 0	0 × 7	0 × 4	0 × 1	0 × 7	0 × 9	5 × 0	7 × 0	0 × 8
0 × 5	4 × 0	2 × 0	0 × 8	7 × 0	3 × 0	8 × 0	6 × 0	0 × 9	0 × 1
7 × 0	0 × 1	6 × 0	8 × 0	0 × 3	4 × 0	0 × 2	2 × 0	0 × 9	0 × 5
3 × 0	6 × 0	0 × 2	1 × 0	7 × 0	5 × 0	0 × 8	0 × 1	4 × 0	0 × 9
0 × 8	0 × 6	0 × 2	0 × 4	0 × 3	0 × 1	7 × 0	0 × 9	0 × 9	0 × 5
0 × 6	0 × 3	9 × 0	4 × 0	0 × 0	9 × 0	1 × 0	0 × 7	0 × 8	5 × 0

Notes

Day 11

Multiplying by 1

Name : .... Date : ....
Score : /100
Time : :

1 × 2	7 × 1	9 × 1	3 × 1	1 × 8	6 × 1	5 × 1	1 × 4	1 × 1	1 × 8
1 × 6	1 × 3	2 × 1	1 × 5	1 × 9	1 × 2	1 × 7	1 × 1	5 × 1	8 × 1
1 × 9	1 × 2	1 × 5	1 × 1	1 × 8	6 × 1	1 × 4	1 × 3	1 × 9	7 × 1
9 × 1	1 × 2	1 × 1	6 × 1	5 × 1	8 × 1	1 × 6	3 × 1	7 × 1	1 × 4
1 × 7	8 × 1	7 × 1	1 × 1	5 × 1	1 × 9	1 × 3	5 × 1	6 × 1	4 × 1
1 × 8	7 × 1	1 × 1	1 × 1	5 × 1	2 × 1	9 × 1	3 × 1	1 × 6	1 × 4
5 × 1	8 × 1	1 × 7	1 × 3	1 × 6	1 × 1	3 × 1	1 × 2	5 × 1	1 × 9
5 × 1	9 × 1	8 × 1	5 × 1	4 × 1	6 × 1	2 × 1	1 × 1	3 × 1	7 × 1
7 × 1	5 × 1	8 × 1	1 × 1	6 × 1	3 × 1	1 × 5	9 × 1	7 × 1	2 × 1
1 × 8	5 × 1	6 × 1	1 × 1	1 × 4	1 × 8	1 × 9	3 × 1	1 × 7	1 × 2

Notes

Day 12
Multiplying by 1

Name : .... Date : ....

Score : /100

Time : :

1 × 2	2 × 1	1 × 3	1 × 9	1 × 1	1 × 6	1 × 5	1 × 8	6 × 1	7 × 1
1 × 2	1 × 8	1 × 1	1 × 4	6 × 1	1 × 7	1 × 1	9 × 1	3 × 1	1 × 5
3 × 1	5 × 1	1 × 1	9 × 1	8 × 1	1 × 5	1 × 4	7 × 1	3 × 1	6 × 1
7 × 1	1 × 8	9 × 1	5 × 1	1 × 4	1 × 9	1 × 6	1 × 1	1 × 5	3 × 1
1 × 1	1 × 7	1 × 9	8 × 1	4 × 1	1 × 7	3 × 1	6 × 1	1 × 4	5 × 1
6 × 1	7 × 1	1 × 8	1 × 4	1 × 1	1 × 7	1 × 5	1 × 2	1 × 3	1 × 9
1 × 9	3 × 1	6 × 1	1 × 5	8 × 1	1 × 1	5 × 1	1 × 9	3 × 1	7 × 1
5 × 1	7 × 1	3 × 1	1 × 8	1 × 9	2 × 1	1 × 1	1 × 4	1 × 9	6 × 1
1 × 8	1 × 1	9 × 1	6 × 1	1 × 4	1 × 7	8 × 1	1 × 5	4 × 1	1 × 3
1 × 8	1 × 7	8 × 1	4 × 1	9 × 1	6 × 1	1 × 1	5 × 1	3 × 1	1 × 5

Notes

Day 13

Multiplying by 1

Name : .... Date : .... Score : /100 Time : :

5 ×1	1 ×1	1 ×2	1 ×4	1 ×9	1 ×8	7 ×1	7 ×1	1 ×3	6 ×1
8 ×1	1 ×4	1 ×7	1 ×1	7 ×1	3 ×1	1 ×8	6 ×1	5 ×1	1 ×9
5 ×1	1 ×4	1 ×1	4 ×1	1 ×9	3 ×1	1 ×7	6 ×1	1 ×8	1 ×4
5 ×1	2 ×1	1 ×7	1 ×1	3 ×1	8 ×1	1 ×1	6 ×1	1 ×2	9 ×1
1 ×3	7 ×1	1 ×4	1 ×2	7 ×1	1 ×1	1 ×9	5 ×1	8 ×1	1 ×6
1 ×1	3 ×1	6 ×1	1 ×7	1 ×9	9 ×1	3 ×1	8 ×1	1 ×6	5 ×1
1 ×6	1 ×8	2 ×1	3 ×1	1 ×5	7 ×1	1 ×9	6 ×1	1 ×8	1 ×1
4 ×1	5 ×1	1 ×9	8 ×1	6 ×1	7 ×1	9 ×1	1 ×1	1 ×3	1 ×7
1 ×1	6 ×1	1 ×2	1 ×1	5 ×1	3 ×1	1 ×4	1 ×8	1 ×9	7 ×1
1 ×7	5 ×1	1 ×2	1 ×3	1 ×1	1 ×8	8 ×1	1 ×9	1 ×4	6 ×1

Notes

Day 14

Multiplying by 1

Name : . . . . Date : . . . .

Score : /100

Time : :

8 × 1	1 × 9	5 × 1	1 × 1	1 × 2	7 × 1	2 × 1	3 × 1	6 × 1	3 × 1
3 × 1	1 × 7	5 × 1	1 × 1	1 × 8	1 × 9	1 × 4	1 × 6	2 × 1	1 × 4
7 × 1	5 × 1	1 × 9	1 × 6	1 × 8	1 × 1	1 × 6	1 × 4	1 × 3	4 × 1
4 × 1	3 × 1	9 × 1	1 × 8	1 × 5	7 × 1	6 × 1	1 × 2	1 × 8	1 × 1
1 × 3	7 × 1	9 × 1	5 × 1	1 × 7	1 × 1	1 × 6	1 × 5	1 × 8	1 × 4
1 × 5	1 × 3	6 × 1	1 × 8	1 × 2	3 × 1	1 × 9	1 × 8	1 × 1	7 × 1
1 × 4	1 × 5	3 × 1	4 × 1	1 × 2	1 × 1	1 × 7	1 × 6	8 × 1	9 × 1
9 × 1	1 × 8	2 × 1	5 × 1	7 × 1	3 × 1	1 × 1	1 × 3	6 × 1	1 × 4
1 × 9	1 × 1	1 × 2	6 × 1	5 × 1	8 × 1	3 × 1	7 × 1	1 × 4	1 × 5
4 × 1	9 × 1	8 × 1	1 × 1	1 × 2	1 × 5	1 × 3	1 × 5	6 × 1	1 × 7

Notes

Day 15
Multiplying by 1

Name : .... Date : ....

Score : /100　　Time : :

1 × 9	1 × 4	1 × 3	1 × 5	1 × 2	1 × 8	1 × 9	7 × 1	1 × 6	1 × 1
1 × 1	1 × 7	1 × 6	1 × 2	3 × 1	2 × 1	1 × 9	1 × 4	1 × 5	1 × 8
7 × 1	3 × 1	1 × 8	1 × 6	1 × 3	5 × 1	1 × 4	9 × 1	1 × 1	1 × 2
1 × 8	6 × 1	1 × 9	3 × 1	1 × 2	1 × 1	1 × 5	5 × 1	1 × 7	1 × 1
3 × 1	6 × 1	1 × 6	2 × 1	7 × 1	1 × 2	1 × 9	1 × 1	1 × 5	1 × 8
5 × 1	1 × 6	1 × 1	3 × 1	7 × 1	1 × 2	1 × 4	2 × 1	8 × 1	9 × 1
9 × 1	6 × 1	1 × 3	5 × 1	4 × 1	1 × 1	5 × 1	1 × 9	8 × 1	7 × 1
5 × 1	1 × 1	1 × 8	1 × 7	3 × 1	9 × 1	2 × 1	6 × 1	1 × 7	8 × 1
1 × 2	9 × 1	1 × 8	5 × 1	3 × 1	1 × 9	6 × 1	1 × 4	1 × 7	1 × 1
2 × 1	1 × 9	1 × 7	3 × 1	1 × 8	5 × 1	1 × 2	1 × 7	1 × 1	6 × 1

Notes

Day 16

Name : .... Date : ....

Score : /100

Time : :

Multiplying by 1

1 × 8	1 × 7	9 × 1	4 × 1	1 × 1	6 × 1	7 × 1	1 × 4	3 × 1	1 × 5
7 × 1	1 × 5	6 × 1	1 × 2	1 × 1	1 × 8	8 × 1	3 × 1	1 × 1	9 × 1
7 × 1	1 × 4	5 × 1	1 × 9	1 × 1	1 × 2	5 × 1	6 × 1	1 × 3	1 × 8
1 × 5	7 × 1	5 × 1	1 × 4	1 × 8	1 × 1	1 × 3	1 × 9	6 × 1	1 × 4
1 × 2	1 × 1	1 × 8	1 × 4	9 × 1	6 × 1	5 × 1	3 × 1	1 × 7	1 × 8
1 × 4	1 × 7	1 × 6	1 × 2	1 × 3	8 × 1	1 × 1	1 × 9	1 × 6	1 × 5
3 × 1	1 × 5	1 × 8	4 × 1	5 × 1	6 × 1	1 × 9	1 × 1	9 × 1	1 × 7
1 × 5	1 × 4	1 × 1	1 × 3	5 × 1	1 × 2	6 × 1	1 × 9	1 × 8	7 × 1
1 × 1	1 × 4	3 × 1	6 × 1	8 × 1	1 × 7	1 × 5	1 × 9	1 × 2	1 × 6
1 × 5	4 × 1	9 × 1	8 × 1	1 × 1	5 × 1	1 × 3	1 × 7	1 × 9	6 × 1

Notes

Day17

Multiplying by 1

Name : . . . . Date : . . . .

Score : /100

Time : :

1 × 3	1 × 1	9 × 1	1 × 5	1 × 4	1 × 2	1 × 8	1 × 1	1 × 6	1 × 7
1 × 8	4 × 1	5 × 1	1 × 1	1 × 7	1 × 5	3 × 1	1 × 2	6 × 1	1 × 9
1 × 8	5 × 1	1 × 1	1 × 2	1 × 1	1 × 6	7 × 1	1 × 3	1 × 4	9 × 1
1 × 7	5 × 1	1 × 2	1 × 8	1 × 1	1 × 3	2 × 1	1 × 6	1 × 9	1 × 8
3 × 1	6 × 1	1 × 1	7 × 1	1 × 4	1 × 3	1 × 7	1 × 8	1 × 5	1 × 9
9 × 1	5 × 1	8 × 1	6 × 1	1 × 5	1 × 7	1 × 4	2 × 1	1 × 1	1 × 3
1 × 9	1 × 2	8 × 1	1 × 6	3 × 1	1 × 1	7 × 1	6 × 1	1 × 5	4 × 1
1 × 8	7 × 1	5 × 1	9 × 1	1 × 1	3 × 1	3 × 1	8 × 1	6 × 1	1 × 7
1 × 6	1 × 5	9 × 1	5 × 1	1 × 7	9 × 1	3 × 1	1 × 4	8 × 1	1 × 1
5 × 1	1 × 3	2 × 1	5 × 1	1 × 6	1 × 4	1 × 7	1 × 1	8 × 1	1 × 9

Notes

Day18

Multiplying by 1

Name : . . . . Date : . . . .

Score : /100

Time : :

2 × 1	8 × 1	1 × 3	1 × 1	9 × 1	1 × 7	1 × 5	1 × 2	1 × 5	1 × 6
8 × 1	4 × 1	1 × 6	5 × 1	1 × 1	1 × 5	2 × 1	1 × 3	1 × 7	9 × 1
1 × 1	1 × 7	7 × 1	3 × 1	1 × 8	2 × 1	1 × 5	1 × 9	3 × 1	6 × 1
1 × 6	1 × 9	8 × 1	7 × 1	3 × 1	9 × 1	5 × 1	1 × 1	1 × 4	6 × 1
3 × 1	1 × 8	1 × 2	1 × 6	1 × 9	1 × 1	4 × 1	1 × 5	7 × 1	1 × 6
1 × 5	1 × 3	6 × 1	7 × 1	1 × 1	8 × 1	9 × 1	1 × 8	1 × 7	1 × 4
1 × 2	7 × 1	9 × 1	1 × 1	1 × 4	2 × 1	5 × 1	3 × 1	6 × 1	8 × 1
5 × 1	8 × 1	7 × 1	1 × 1	1 × 6	1 × 8	4 × 1	3 × 1	9 × 1	2 × 1
7 × 1	6 × 1	1 × 1	1 × 8	1 × 6	9 × 1	4 × 1	5 × 1	1 × 3	8 × 1
1 × 4	1 × 6	1 × 7	5 × 1	1 × 3	1 × 1	1 × 9	2 × 1	1 × 9	8 × 1

Notes

Day19

Name : . . . . Date : . . . .

Score : /100

Time : :

Multiplying by 1

1 × 9	1 × 9	5 × 1	7 × 1	6 × 1	8 × 1	1 × 2	1 × 3	1 × 1	1 × 4
3 × 1	6 × 1	1 × 1	7 × 1	5 × 1	9 × 1	1 × 8	7 × 1	1 × 2	3 × 1
8 × 1	7 × 1	5 × 1	2 × 1	1 × 3	5 × 1	1 × 1	1 × 4	9 × 1	6 × 1
1 × 9	6 × 1	1 × 4	1 × 1	8 × 1	1 × 2	1 × 7	1 × 4	5 × 1	3 × 1
5 × 1	1 × 1	1 × 7	1 × 9	8 × 1	1 × 6	1 × 2	2 × 1	1 × 4	3 × 1
1 × 1	5 × 1	8 × 1	7 × 1	4 × 1	3 × 1	9 × 1	1 × 7	6 × 1	1 × 2
1 × 5	1 × 4	1 × 7	1 × 3	8 × 1	1 × 1	7 × 1	1 × 9	2 × 1	6 × 1
4 × 1	5 × 1	1 × 7	3 × 1	1 × 8	7 × 1	1 × 6	1 × 1	8 × 1	1 × 9
5 × 1	1 × 7	1 × 4	4 × 1	9 × 1	6 × 1	1 × 3	1 × 5	1 × 1	1 × 8
2 × 1	4 × 1	1 × 8	1 × 3	2 × 1	7 × 1	5 × 1	1 × 1	6 × 1	1 × 9

Notes

Day 20

Multiplying by 1

Name : . . . . Date : . . . .

Score : /100

Time : :

8 × 1	1 × 8	1 × 9	7 × 1	1 × 3	1 × 4	6 × 1	2 × 1	1 × 1	5 × 1
7 × 1	9 × 1	1 × 3	1 × 6	1 × 7	1 × 1	1 × 2	5 × 1	1 × 8	1 × 4
1 × 5	1 × 1	1 × 2	1 × 8	8 × 1	4 × 1	1 × 6	1 × 9	1 × 3	7 × 1
1 × 1	7 × 1	9 × 1	1 × 3	6 × 1	1 × 4	8 × 1	3 × 1	5 × 1	4 × 1
3 × 1	6 × 1	8 × 1	1 × 5	5 × 1	1 × 2	7 × 1	1 × 1	9 × 1	1 × 7
8 × 1	4 × 1	1 × 1	9 × 1	6 × 1	1 × 3	7 × 1	9 × 1	1 × 8	1 × 5
1 × 4	1 × 8	1 × 2	1 × 6	1 × 3	5 × 1	1 × 1	7 × 1	1 × 9	1 × 8
1 × 8	2 × 1	6 × 1	9 × 1	1 × 1	1 × 9	1 × 4	5 × 1	7 × 1	1 × 3
6 × 1	1 × 1	3 × 1	1 × 8	1 × 7	5 × 1	1 × 6	9 × 1	1 × 3	4 × 1
1 × 1	1 × 8	5 × 1	6 × 1	9 × 1	1 × 5	3 × 1	1 × 3	1 × 6	1 × 7

Notes

Day21

Multiplying by 2

Name : . . . . Date : . . . .

Score : /100

Time : :

2 × 5	7 × 2	8 × 2	4 × 2	2 × 1	3 × 2	2 × 2	2 × 7	9 × 2	2 × 6
4 × 2	8 × 2	7 × 2	3 × 2	1 × 2	9 × 2	2 × 1	2 × 3	2 × 2	4 × 2
2 × 7	2 × 4	2 × 1	2 × 3	2 × 2	2 × 6	2 × 9	7 × 2	2 × 8	4 × 2
7 × 2	2 × 3	2 × 2	2 × 7	4 × 2	2 × 8	3 × 2	2 × 9	1 × 2	9 × 2
2 × 2	9 × 2	2 × 3	7 × 2	2 × 8	2 × 6	2 × 1	8 × 2	5 × 2	2 × 4
2 × 4	2 × 3	9 × 2	3 × 2	7 × 2	8 × 2	4 × 2	1 × 2	2 × 6	2 × 2
2 × 7	5 × 2	8 × 2	2 × 2	2 × 6	2 × 4	1 × 2	2 × 3	8 × 2	9 × 2
3 × 2	7 × 2	9 × 2	8 × 2	2 × 3	1 × 2	4 × 2	2 × 6	2 × 4	2 × 2
2 × 8	4 × 2	2 × 6	2 × 7	8 × 2	2 × 2	3 × 2	5 × 2	2 × 9	1 × 2
4 × 2	2 × 5	2 × 6	2 × 1	7 × 2	2 × 3	7 × 2	9 × 2	8 × 2	2 × 2

Notes

Day22

Multiplying by 2

Name : . . . . Date : . . . .

Score : /100

Time : :

2 × 2	2 × 5	2 × 4	3 × 2	2 × 3	2 × 8	2 × 6	7 × 2	1 × 2	9 × 2
9 × 2	2 × 2	2 × 6	4 × 2	2 × 5	2 × 4	1 × 2	8 × 2	2 × 3	2 × 7
1 × 2	4 × 2	2 × 8	2 × 2	2 × 6	2 × 7	9 × 2	3 × 2	5 × 2	7 × 2
2 × 2	1 × 2	8 × 2	2 × 1	2 × 2	3 × 2	2 × 4	2 × 6	2 × 7	9 × 2
2 × 4	9 × 2	3 × 2	2 × 8	2 × 5	1 × 2	2 × 2	2 × 6	7 × 2	2 × 3
2 × 3	4 × 2	2 × 9	2 × 2	8 × 2	7 × 2	1 × 2	5 × 2	6 × 2	3 × 2
7 × 2	2 × 1	5 × 2	2 × 5	2 × 2	2 × 3	9 × 2	4 × 2	2 × 8	6 × 2
7 × 2	2 × 9	4 × 2	5 × 2	2 × 2	2 × 1	3 × 2	8 × 2	2 × 9	2 × 7
2 × 8	7 × 2	8 × 2	2 × 6	9 × 2	2 × 3	2 × 2	1 × 2	2 × 4	2 × 3
7 × 2	2 × 2	2 × 9	9 × 2	2 × 6	2 × 3	8 × 2	6 × 2	2 × 4	1 × 2

Notes

Day 23

Multiplying by 2

Name : .... Date : .... Score : /100 Time : :

2 × 8	2 × 3	2 × 4	2 × 1	2 × 7	2 × 7	2 × 5	9 × 2	2 × 2	2 × 6
2 × 8	2 × 6	2 × 4	2 × 1	2 × 2	2 × 5	2 × 2	2 × 7	3 × 2	2 × 9
2 × 6	2 × 7	2 × 1	2 × 8	4 × 2	2 × 2	3 × 2	2 × 4	2 × 3	2 × 9
2 × 7	2 × 9	2 × 2	3 × 2	2 × 5	1 × 2	2 × 6	2 × 3	4 × 2	8 × 2
4 × 2	7 × 2	2 × 2	2 × 2	1 × 2	6 × 2	8 × 2	9 × 2	2 × 5	3 × 2
8 × 2	2 × 2	2 × 9	2 × 3	3 × 2	1 × 2	9 × 2	4 × 2	5 × 2	7 × 2
2 × 8	7 × 2	3 × 2	5 × 2	2 × 5	4 × 2	2 × 2	2 × 1	2 × 2	9 × 2
8 × 2	2 × 1	1 × 2	2 × 3	2 × 6	7 × 2	4 × 2	2 × 7	9 × 2	2 × 2
8 × 2	2 × 3	7 × 2	1 × 2	2 × 2	3 × 2	2 × 6	9 × 2	2 × 8	2 × 4
6 × 2	4 × 2	3 × 2	1 × 2	2 × 2	2 × 8	2 × 9	5 × 2	2 × 1	7 × 2

Notes

Day 24
Multiplying by 2

Name : .... Date : ....   Score : /100   Time : :

2 ×6	8 ×2	9 ×2	2 ×8	2 ×3	1 ×2	4 ×2	2 ×9	2 ×2	2 ×7
2 ×3	1 ×2	4 ×2	2 ×5	7 ×2	2 ×8	2 ×9	3 ×2	5 ×2	2 ×2
2 ×2	2 ×9	7 ×2	2 ×4	3 ×2	2 ×5	4 ×2	2 ×1	8 ×2	9 ×2
2 ×3	2 ×9	1 ×2	2 ×7	2 ×6	2 ×5	2 ×2	2 ×4	2 ×8	2 ×6
2 ×6	2 ×5	1 ×2	2 ×9	7 ×2	2 ×4	2 ×2	2 ×8	2 ×3	2 ×2
2 ×4	1 ×2	2 ×2	7 ×2	2 ×1	2 ×8	2 ×5	2 ×8	9 ×2	2 ×3
2 ×2	7 ×2	2 ×9	1 ×2	4 ×2	5 ×2	2 ×2	2 ×6	8 ×2	2 ×3
4 ×2	2 ×6	3 ×2	1 ×2	2 ×7	5 ×2	2 ×5	9 ×2	8 ×2	2 ×2
2 ×8	2 ×5	2 ×4	3 ×2	2 ×7	2 ×2	2 ×1	4 ×2	2 ×9	2 ×8
9 ×2	2 ×5	2 ×1	2 ×8	3 ×2	2 ×9	2 ×4	2 ×7	2 ×6	2 ×2

Notes

Day 25

Multiplying by 2

Name : .... Date : ....

Score : /100

Time : :

4	2	2	2	2	2	2	2	2	1
×2	×7	×7	×2	×3	×9	×4	×5	×8	×2

2	4	7	1	2	9	8	2	3	2
×5	×2	×2	×2	×5	×2	×2	×6	×2	×2

7	2	2	1	8	2	2	4	2	3
×2	×3	×1	×2	×2	×2	×9	×2	×6	×2

2	2	1	2	9	8	2	4	7	3
×8	×4	×2	×2	×2	×2	×6	×2	×2	×2

9	2	2	7	2	4	2	2	1	2
×2	×5	×2	×2	×8	×2	×6	×3	×2	×1

2	2	8	2	2	2	2	9	2	7
×6	×5	×2	×4	×2	×1	×3	×2	×8	×2

2	2	8	2	7	2	2	9	2	4
×1	×6	×2	×9	×2	×3	×2	×2	×7	×2

7	2	8	9	2	2	4	2	2	3
×2	×3	×2	×2	×2	×8	×2	×2	×1	×2

2	5	3	2	2	1	2	9	4	7
×6	×2	×2	×8	×2	×2	×2	×2	×2	×2

2	8	2	4	1	2	2	2	2	2
×5	×2	×9	×2	×2	×6	×2	×9	×3	×7

Notes

Day26

Multiplying by 2

Name : . . . . Date : . . . .

Score : /100

Time : :

3 × 2	2 × 2	1 × 2	8 × 2	2 × 9	2 × 6	1 × 2	2 × 4	2 × 5	7 × 2
2 × 1	5 × 2	2 × 6	9 × 2	2 × 7	2 × 8	2 × 6	2 × 4	2 × 3	2 × 2
2 × 2	2 × 1	6 × 2	7 × 2	2 × 6	4 × 2	8 × 2	9 × 2	4 × 2	2 × 3
9 × 2	3 × 2	8 × 2	2 × 1	2 × 6	2 × 2	4 × 2	2 × 6	2 × 7	2 × 3
2 × 2	2 × 4	1 × 2	2 × 8	5 × 2	2 × 2	9 × 2	3 × 2	2 × 7	! × 2
2 × 5	2 × 3	1 × 2	9 × 2	2 × 2	4 × 2	2 × 7	2 × 8	3 × 2	2 × 2
7 × 2	4 × 2	2 × 9	8 × 2	2 × 2	2 × 3	2 × 8	2 × 1	2 × 1	2 × 6
2 × 2	2 × 7	8 × 2	2 × 5	2 × 4	2 × 9	3 × 2	1 × 2	2 × 5	2 × 3
2 × 9	9 × 2	2 × 4	2 × 2	4 × 2	2 × 1	7 × 2	3 × 2	8 × 2	2 × 6
8 × 2	2 × 1	2 × 6	9 × 2	7 × 2	2 × 5	2 × 2	2 × 4	9 × 2	2 × 3

Notes

Day27

Multiplying by 2

Name : . . . . Date : . . . .

Score : /100

Time : :

2	2	4	2	5	2	2	2	2	1
× 7	× 3	× 2	× 6	× 2	× 2	× 8	× 2	× 9	× 2
8	1	2	9	4	2	2	2	4	3
× 2	× 2	× 7	× 2	× 2	× 3	× 8	× 2	× 2	× 2
1	3	2	5	2	2	4	2	2	2
× 2	× 2	× 9	× 2	× 1	× 2	× 2	× 7	× 8	× 5
3	2	2	2	2	2	2	2	2	1
× 2	× 5	× 2	× 8	× 4	× 7	× 6	× 6	× 9	× 2
7	2	2	8	9	2	4	9	3	2
× 2	× 8	× 1	× 2	× 2	× 5	× 2	× 2	× 2	× 2
7	2	2	2	3	2	9	2	2	2
× 2	× 7	× 5	× 4	× 2	× 8	× 2	× 6	× 1	× 2
7	1	9	2	2	3	4	2	8	2
× 2	× 2	× 2	× 2	× 6	× 2	× 2	× 6	× 2	× 9
2	3	9	2	2	2	2	2	2	2
× 7	× 2	× 2	× 2	× 8	× 6	× 9	× 6	× 4	× 1
2	9	2	2	2	2	2	7	7	2
× 3	× 2	× 2	× 1	× 5	× 8	× 6	× 2	× 2	× 4
2	7	2	2	2	2	2	1	2	2
× 1	× 2	× 3	× 8	× 9	× 6	× 4	× 2	× 6	× 2

Notes

Day28

Multiplying by 2

Name : . . . . Date : . . . .

Score : /100

Time : :

2	2	2	2	2	2	2	9	2	4
× 1	× 2	× 8	× 2	× 7	× 6	× 5	× 2	× 3	× 2
8	7	2	7	2	9	2	1	4	2
× 2	× 2	× 4	× 2	× 6	× 2	× 3	× 2	× 2	× 2
4	6	5	2	2	2	2	2	8	2
× 2	× 2	× 2	× 3	× 2	× 8	× 7	× 9	× 2	× 1
2	2	5	2	2	7	2	2	2	1
× 2	× 4	× 2	× 9	× 3	× 2	× 4	× 5	× 8	× 2
2	2	2	2	4	2	3	2	7	1
× 9	× 2	× 8	× 6	× 2	× 3	× 2	× 4	× 2	× 2
3	8	2	4	2	2	2	2	7	9
× 2	× 2	× 2	× 2	× 3	× 2	× 8	× 1	× 2	× 2
2	9	2	2	3	2	2	1	2	4
× 2	× 2	× 5	× 8	× 2	× 8	× 2	× 2	× 7	× 2
9	4	7	1	2	1	2	8	2	6
× 2	× 2	× 2	× 2	× 9	× 2	× 3	× 2	× 2	× 2
3	2	2	2	2	9	2	3	2	2
× 2	× 8	× 2	× 5	× 4	× 2	× 7	× 2	× 1	× 4
5	2	2	2	2	4	8	1	2	2
× 2	× 9	× 8	× 4	× 3	× 2	× 2	× 2	× 2	× 7

Notes

Day 29

Multiplying by 2

Name : .... Date : ....

Score : /100

Time : :

3 ×2	9 ×2	2 ×1	2 ×6	7 ×2	2 ×7	4 ×2	8 ×2	2 ×2	4 ×2
2 ×7	9 ×2	8 ×2	2 ×3	1 ×2	9 ×2	5 ×2	4 ×2	2 ×2	2 ×6
2 ×9	2 ×8	2 ×3	2 ×4	7 ×2	2 ×1	1 ×2	2 ×2	6 ×2	2 ×6
8 ×2	3 ×2	2 ×1	7 ×2	2 ×9	2 ×2	2 ×4	2 ×9	5 ×2	2 ×7
1 ×2	2 ×9	4 ×2	4 ×2	2 ×6	2 ×7	2 ×8	2 ×2	2 ×3	2 ×5
2 ×2	1 ×2	4 ×2	3 ×2	2 ×5	9 ×2	2 ×6	8 ×2	2 ×7	2 ×7
2 ×2	2 ×6	2 ×9	7 ×2	1 ×2	2 ×8	2 ×3	2 ×2	2 ×5	4 ×2
2 ×4	2 ×7	3 ×2	2 ×2	2 ×9	2 ×6	2 ×1	2 ×5	2 ×8	2 ×6
2 ×7	2 ×7	2 ×2	2 ×9	2 ×3	1 ×2	4 ×2	2 ×8	2 ×5	3 ×2
5 ×2	2 ×7	8 ×2	1 ×2	2 ×2	3 ×2	4 ×2	7 ×2	9 ×2	2 ×3

Notes

Page 29

Day 30
Multiplying by 2

Name : .... Date : ....

Score : /100

Time : :

7 × 2	2 × 2	2 × 3	2 × 1	9 × 2	8 × 2	2 × 6	2 × 6	2 × 5	2 × 4
5 × 2	2 × 8	1 × 2	2 × 2	4 × 2	7 × 2	3 × 2	2 × 4	2 × 9	2 × 7
2 × 2	1 × 2	9 × 2	7 × 2	2 × 4	2 × 4	2 × 5	3 × 2	2 × 8	2 × 6
4 × 2	2 × 4	2 × 4	2 × 6	2 × 7	3 × 2	2 × 1	2 × 9	8 × 2	2 × 2
7 × 2	3 × 2	2 × 2	2 × 8	1 × 2	5 × 2	2 × 6	9 × 2	8 × 2	2 × 4
2 × 2	2 × 6	8 × 2	3 × 2	2 × 4	2 × 5	1 × 2	2 × 2	9 × 2	2 × 7
1 × 2	2 × 7	2 × 2	5 × 2	1 × 2	2 × 9	8 × 2	2 × 4	4 × 2	2 × 3
1 × 2	2 × 2	9 × 2	4 × 2	2 × 1	2 × 8	5 × 2	2 × 3	2 × 4	2 × 7
2 × 1	2 × 2	9 × 2	2 × 7	3 × 2	5 × 2	4 × 2	3 × 2	9 × 2	2 × 8
2 × 8	2 × 2	1 × 2	9 × 2	3 × 2	8 × 2	2 × 9	7 × 2	2 × 3	2 × 4

Notes

Day 31

Multiplying by 3

Name : .... Date : .... Score : /100 Time : :

3 × 7	3 × 2	8 × 3	5 × 3	6 × 3	3 × 1	9 × 3	4 × 3	5 × 3	3 × 3
3 × 1	8 × 3	3 × 3	9 × 3	3 × 3	5 × 3	3 × 4	5 × 3	3 × 2	3 × 6
3 × 1	6 × 3	4 × 3	8 × 3	3 × 9	3 × 3	5 × 3	8 × 3	3 × 4	6 × 3
3 × 7	9 × 3	4 × 3	8 × 3	3 × 3	3 × 5	3 × 2	1 × 3	3 × 1	6 × 3
3 × 6	3 × 5	3 × 9	3 × 1	3 × 3	3 × 8	3 × 4	3 × 3	3 × 2	3 × 8
8 × 3	6 × 3	3 × 5	4 × 3	1 × 3	9 × 3	3 × 3	4 × 3	9 × 3	5 × 3
6 × 3	1 × 3	3 × 3	3 × 9	4 × 3	3 × 2	2 × 3	3 × 5	8 × 3	1 × 3
1 × 3	5 × 3	7 × 3	4 × 3	8 × 3	6 × 3	9 × 3	3 × 3	2 × 3	9 × 3
3 × 3	3 × 7	9 × 3	3 × 2	1 × 3	8 × 3	4 × 3	3 × 5	6 × 3	1 × 3
3 × 5	3 × 4	3 × 3	3 × 6	3 × 8	3 × 3	3 × 9	3 × 3	3 × 3	3 × 1

Notes

Day32

Name : . . . . Date : . . . .

Score : /100

Time : :

Multiplying by 3

6 × 3	3 × 3	8 × 3	5 × 3	3 × 1	4 × 3	9 × 3	4 × 3	5 × 3	7 × 3
3 × 1	3 × 4	3 × 7	3 × 9	3 × 6	3 × 8	3 × 3	3 × 5	3 × 3	5 × 3
3 × 1	3 × 8	3 × 6	9 × 3	3 × 7	3 × 3	3 × 4	3 × 2	3 × 3	3 × 5
3 × 3	3 × 5	3 × 6	5 × 3	3 × 1	9 × 3	4 × 3	3 × 2	8 × 3	3 × 3
4 × 3	9 × 3	7 × 3	3 × 3	1 × 3	3 × 5	3 × 6	5 × 3	8 × 3	3 × 7
3 × 5	6 × 3	3 × 7	3 × 9	3 × 2	3 × 8	6 × 3	4 × 3	3 × 1	3 × 3
3 × 2	3 × 3	3 × 7	8 × 3	3 × 4	5 × 3	3 × 6	1 × 3	3 × 9	5 × 3
3 × 7	3 × 2	3 × 5	4 × 3	3 × 9	3 × 1	3 × 6	3 × 8	3 × 3	9 × 3
4 × 3	8 × 3	6 × 3	7 × 3	6 × 3	3 × 3	3 × 5	5 × 3	9 × 3	1 × 3
3 × 8	3 × 6	3 × 2	3 × 7	5 × 3	3 × 3	3 × 3	4 × 3	1 × 3	9 × 3

Notes

Day 33
Multiplying by 3

Name : .... Date : ....

Score : /100

Time : :

3 × 2	9 × 3	3 × 8	3 × 7	3 × 5	3 × 3	6 × 3	5 × 3	3 × 1	4 × 3
6 × 3	3 × 9	2 × 3	3 × 4	3 × 5	3 × 3	3 × 8	4 × 3	2 × 3	1 × 3
8 × 3	3 × 1	3 × 5	3 × 2	8 × 3	3 × 6	3 × 3	3 × 7	9 × 3	3 × 4
3 × 3	8 × 3	5 × 3	9 × 3	6 × 3	3 × 1	5 × 3	4 × 3	3 × 9	3 × 4
9 × 3	3 × 3	8 × 3	1 × 3	6 × 3	4 × 3	7 × 3	3 × 5	5 × 3	3 × 8
5 × 3	4 × 3	8 × 3	1 × 3	3 × 6	3 × 2	6 × 3	9 × 3	3 × 3	3 × 4
3 × 8	6 × 3	1 × 3	4 × 3	2 × 3	3 × 3	! × 3	3 × 9	3 × 5	3 × 8
3 × 9	6 × 3	3 × 4	4 × 3	3 × 3	9 × 3	5 × 3	1 × 3	3 × 3	8 × 3
9 × 3	5 × 3	3 × 3	3 × 5	6 × 3	3 × 8	4 × 3	1 × 3	3 × 2	3 × 8
3 × 1	3 × 6	5 × 3	3 × 3	9 × 3	7 × 3	3 × 9	3 × 8	2 × 3	3 × 4

Notes

Day 34

Name: .... **Date:** ....
Score: /100 **Time:** :

Multiplying by 3

3	9	3	3	3	3	6	5	3	4
×2	×3	×8	×7	×5	×3	×3	×3	×1	×3

6	3	2	3	3	3	3	4	2	1
×3	×9	×3	×4	×5	×3	×8	×3	×3	×3

8	3	3	3	8	3	3	3	9	3
×3	×1	×5	×2	×3	×6	×3	×7	×3	×4

3	8	5	9	6	3	5	4	3	3
×3	×3	×3	×3	×3	×1	×3	×3	×9	×4

9	3	8	1	6	4	7	3	5	3
×3	×3	×3	×3	×3	×3	×3	×5	×3	×8

5	4	8	1	3	3	6	9	3	3
×3	×3	×3	×3	×6	×2	×3	×3	×3	×4

3	6	1	4	2	3	!	3	3	3
×8	×3	×3	×3	×3	×3	×3	×9	×5	×8

3	6	3	4	3	9	5	1	3	8
×9	×3	×4	×3	×3	×3	×3	×3	×3	×3

9	5	3	3	6	3	4	1	3	3
×3	×3	×3	×5	×3	×8	×3	×3	×2	×8

3	3	5	3	9	7	3	3	2	3
×1	×6	×3	×3	×3	×3	×9	×8	×3	×4

Notes

Day35

Multiplying by 3

Name : . . . . Date : . . . .

Score : /100

Time : :

9 × 3	3 × 8	3 × 1	3 × 4	3 × 3	3 × 6	3 × 3	2 × 3	9 × 3	5 × 3
1 × 3	3 × 3	3 × 5	8 × 3	3 × 6	3 × 4	3 × 7	9 × 3	6 × 3	3 × 8
3 × 6	3 × 9	3 × 7	3 × 1	3 × 8	4 × 3	3 × 4	3 × 5	3 × 2	3 × 3
4 × 3	3 × 9	1 × 3	5 × 3	3 × 3	3 × 6	9 × 3	8 × 3	3 × 7	3 × 9
4 × 3	1 × 3	5 × 3	2 × 3	3 × 3	9 × 3	6 × 3	3 × 7	3 × 2	8 × 3
4 × 3	3 × 8	9 × 3	3 × 1	5 × 3	6 × 3	2 × 3	3 × 3	3 × 6	8 × 3
6 × 3	9 × 3	7 × 3	8 × 3	3 × 9	3 × 3	3 × 1	3 × 5	3 × 4	3 × 7
3 × 7	4 × 3	3 × 3	3 × 6	3 × 5	3 × 1	9 × 3	1 × 3	8 × 3	4 × 3
4 × 3	3 × 8	5 × 3	1 × 3	3 × 5	9 × 3	3 × 6	3 × 3	3 × 7	6 × 3
3 × 3	8 × 3	9 × 3	2 × 3	3 × 5	7 × 3	3 × 4	3 × 1	3 × 4	6 × 3

Notes

Day36

Name : . . . . Date : . . . .

Score : /100

Time : :

Multiplying by 3

5 × 3	3 × 4	8 × 3	3 × 7	1 × 3	4 × 3	3 × 7	3 × 6	3 × 9	3 × 3
6 × 3	1 × 3	5 × 3	7 × 3	3 × 3	8 × 3	4 × 3	9 × 3	5 × 3	3 × 6
3 × 6	3 × 1	9 × 3	3 × 2	3 × 7	3 × 3	4 × 3	9 × 3	3 × 5	8 × 3
3 × 6	3 × 1	4 × 3	9 × 3	7 × 3	3 × 3	5 × 3	3 × 2	8 × 3	3 × 2
9 × 3	3 × 7	1 × 3	3 × 9	3 × 3	3 × 6	3 × 4	8 × 3	5 × 3	3 × 8
3 × 7	6 × 3	4 × 3	3 × 5	8 × 3	9 × 3	5 × 3	2 × 3	1 × 3	3 × 3
3 × 2	3 × 7	8 × 3	3 × 8	3 × 5	3 × 3	1 × 3	3 × 9	4 × 3	6 × 3
3 × 6	3 × 3	2 × 3	5 × 3	3 × 1	9 × 3	1 × 3	8 × 3	4 × 3	3 × 4
3 × 3	7 × 3	9 × 3	3 × 4	3 × 1	8 × 3	1 × 3	6 × 3	5 × 3	! × 3
9 × 3	3 × 5	3 × 3	3 × 7	3 × 6	3 × 3	3 × 8	3 × 4	3 × 2	3 × 1

Notes

Day 37

Multiplying by 3

Name : .... Date : ....
Score : /100
Time : :

3 × 9	3 × 3	9 × 3	4 × 3	8 × 3	3 × 4	3 × 6	5 × 3	3 × 2	1 × 3
3 × 8	3 × 9	5 × 3	3 × 1	3 × 2	3 × 3	3 × 4	6 × 3	3 × 7	3 × 5
3 × 3	6 × 3	5 × 3	3 × 4	3 × 2	3 × 9	3 × 1	3 × 5	5 × 3	8 × 3
8 × 3	3 × 3	4 × 3	5 × 3	8 × 3	3 × 1	3 × 3	3 × 6	3 × 2	9 × 3
3 × 4	3 × 7	3 × 8	4 × 3	3 × 6	3 × 1	3 × 3	5 × 3	3 × 9	3 × 2
3 × 5	3 × 4	3 × 1	3 × 6	3 × 5	4 × 3	3 × 8	3 × 3	2 × 3	3 × 9
3 × 8	3 × 1	3 × 6	3 × 7	3 × 3	9 × 3	4 × 3	3 × 2	3 × 6	5 × 3
3 × 3	3 × 2	4 × 3	9 × 3	3 × 8	1 × 3	3 × 7	1 × 3	3 × 6	3 × 5
4 × 3	3 × 3	3 × 1	3 × 7	3 × 9	6 × 3	8 × 3	2 × 3	3 × 3	3 × 5
3 × 1	3 × 7	3 × 4	9 × 3	3 × 3	5 × 3	3 × 2	3 × 6	3 × 6	8 × 3

Notes

Day38

Multiplying by 3

Name : . . . . Date : . . . .

Score : /100

Time : :

3 × 6	3 × 8	9 × 3	3 × 1	3 × 8	5 × 3	3 × 3	4 × 3	2 × 3	3 × 7
3 × 3	3 × 3	3 × 6	3 × 7	5 × 3	8 × 3	3 × 9	3 × 4	1 × 3	! × 3
3 × 3	3 × 6	1 × 3	3 × 8	3 × 6	3 × 5	3 × 7	5 × 3	4 × 3	9 × 3
3 × 3	3 × 1	3 × 2	8 × 3	3 × 5	1 × 3	4 × 3	9 × 3	3 × 6	3 × 8
3 × 7	9 × 3	8 × 3	1 × 3	3 × 9	4 × 3	5 × 3	1 × 3	3 × 3	3 × 6
1 × 3	4 × 3	3 × 5	9 × 3	5 × 3	3 × 8	3 × 6	3 × 3	3 × 2	3 × 5
4 × 3	5 × 3	6 × 3	3 × 7	1 × 3	8 × 3	9 × 3	3 × 2	1 × 3	3 × 3
3 × 6	8 × 3	5 × 3	3 × 4	2 × 3	1 × 3	9 × 3	3 × 1	3 × 3	3 × 8
3 × 1	3 × 3	3 × 3	3 × 4	3 × 2	3 × 7	3 × 5	9 × 3	3 × 8	6 × 3
3 × 5	3 × 7	3 × 6	3 × 3	8 × 3	4 × 3	3 × 1	9 × 3	7 × 3	3 × 8

Notes

Day39

Name : . . . . Date : . . . .

Score : /100

Time : :

Multiplying by 3

1 × 3	3 × 7	3 × 6	3 × 5	4 × 3	3 × 1	8 × 3	3 × 3	3 × 9	8 × 3
3 × 4	8 × 3	4 × 3	3 × 1	6 × 3	5 × 3	9 × 3	3 × 2	3 × 8	3 × 3
8 × 3	3 × 4	3 × 1	2 × 3	3 × 2	9 × 3	3 × 3	3 × 6	3 × 1	5 × 3
1 × 3	4 × 3	9 × 3	3 × 3	4 × 3	6 × 3	3 × 3	3 × 5	5 × 3	8 × 3
3 × 5	6 × 3	3 × 9	8 × 3	1 × 3	3 × 4	2 × 3	3 × 7	3 × 6	3 × 3
3 × 7	3 × 2	3 × 9	3 × 8	5 × 3	4 × 3	6 × 3	1 × 3	3 × 3	3 × 7
1 × 3	3 × 7	1 × 3	8 × 3	3 × 6	9 × 3	3 × 5	3 × 3	3 × 2	4 × 3
3 × 1	3 × 8	3 × 3	3 × 7	5 × 3	3 × 4	3 × 2	3 × 6	9 × 3	3 × 8
4 × 3	3 × 8	3 × 9	4 × 3	3 × 6	5 × 3	3 × 7	3 × 3	3 × 8	3 × 1
7 × 3	3 × 1	4 × 3	8 × 3	3 × 3	3 × 5	3 × 7	9 × 3	3 × 7	3 × 6

Notes

Day40

Multiplying by 3

Name : . . . . Date : . . . .

Score : /100

Time : :

3×1	3×8	3×3	3×7	5×3	3×4	3×2	3×6	9×3	3×8
3×3	3×1	3×2	8×3	3×5	5×3	4×3	9×3	3×6	3×8
3×8	3×1	3×6	3×7	3×3	9×3	4×3	3×2	3×6	5×3
9×3	3×5	3×3	3×7	3×6	3×3	3×8	3×4	3×2	3×1
4×3	3×8	7×3	1×3	3×5	9×3	3×6	3×3	3×7	6×3
3×2	6×3	4×3	6×3	3×8	1×3	3×9	3×5	3×3	9×3
3×8	3×6	3×2	3×7	5×3	3×3	3×3	4×3	1×3	9×3
9×3	3×3	6×3	1×3	6×3	4×3	5×3	3×5	7×3	3×8
3×9	3×3	4×3	9×3	8×3	3×4	3×6	5×3	3×2	1×3
1×3	3×3	3×5	2×3	3×6	3×4	3×7	9×3	6×3	3×8

Notes

Day 41

Name : . . . . Date : . . . .

Score : /100

Time : :

Multiplying by 4

4 × 3	4 × 5	4 × 8	9 × 4	4 × 4	7 × 4	5 × 4	4 × 2	1 × 4	6 × 4
4 × 8	5 × 4	7 × 4	3 × 4	9 × 4	1 × 4	4 × 4	5 × 4	4 × 6	9 × 4
4 × 8	4 × 3	6 × 4	4 × 5	7 × 4	4 × 9	4 × 3	7 × 4	4 × 4	1 × 4
4 × 9	4 × 3	7 × 4	8 × 4	4 × 4	1 × 4	5 × 4	4 × 6	4 × 5	9 × 4
4 × 5	4 × 4	4 × 1	9 × 4	2 × 4	5 × 4	8 × 4	4 × 3	7 × 4	4 × 6
6 × 4	4 × 1	7 × 4	5 × 4	4 × 8	4 × 3	4 × 4	4 × 2	9 × 4	4 × 5
4 × 9	4 × 4	4 × 6	4 × 5	7 × 4	4 × 4	4 × 8	4 × 1	2 × 4	4 × 7
4 × 1	2 × 4	4 × 4	5 × 4	4 × 8	4 × 9	4 × 2	4 × 6	6 × 4	4 × 7
4 × 4	6 × 4	4 × 3	4 × 5	4 × 3	4 × 7	1 × 4	4 × 2	9 × 4	4 × 8
5 × 4	4 × 9	8 × 4	7 × 4	6 × 4	9 × 4	4 × 8	4 × 4	4 × 5	4 × 1

Notes

Day 42
Multiplying by 4

Name : .... Date : ....

Score : /100

Time : :

5	8	4	1	4	4	4	5	4	4
×4	×4	×7	×4	×8	×4	×3	×4	×6	×9

4	6	4	6	5	4	4	4	1	9
×5	×4	×4	×4	×4	×4	×8	×7	×4	×4

1	7	6	4	4	7	4	4	4	4
×4	×4	×4	×2	×8	×4	×4	×5	×9	×1

4	5	6	8	3	4	4	1	4	7
×8	×4	×4	×4	×4	×9	×4	×4	×5	×4

8	1	4	6	4	5	4	4	2	9
×4	×4	×7	×4	×3	×4	×4	×8	×4	×4

4	4	4	4	3	4	7	1	6	8
×8	×3	×5	×9	×4	×4	×4	×4	×4	×4

4	9	4	5	7	4	4	6	4	3
×9	×4	×4	×4	×4	×1	×8	×4	×5	×4

7	4	4	8	1	4	6	9	4	4
×4	×4	×2	×4	×4	×5	×4	×4	×8	×6

4	6	9	7	4	4	5	4	8	1
×1	×4	×4	×4	×8	×2	×4	×4	×4	×4

4	6	6	3	4	5	9	8	4	4
×1	×4	×4	×4	×7	×4	×4	×4	×5	×4

Notes

Page: 42

Day 43

Multiplying by 4

Name : .... Date : ....

Score : /100

Time : :

5 × 4	4 × 1	7 × 4	4 × 6	6 × 4	4 × 2	9 × 4	4 × 7	4 × 4	8 × 4
7 × 4	1 × 4	9 × 4	4 × 8	8 × 4	4 × 5	4 × 9	4 × 6	7 × 4	4 × 4
4 × 7	4 × 6	1 × 4	4 × 4	4 × 9	2 × 4	3 × 4	4 × 7	5 × 4	8 × 4
4 × 2	1 × 4	2 × 4	4 × 6	4 × 9	5 × 4	4 × 4	8 × 4	7 × 4	9 × 4
2 × 4	4 × 8	8 × 4	5 × 4	4 × 2	7 × 4	9 × 4	4 × 4	1 × 4	4 × 6
4 × 5	4 × 6	4 × 5	4 × 4	7 × 4	4 × 3	4 × 9	4 × 2	4 × 8	1 × 4
6 × 4	1 × 4	4 × 3	7 × 4	1 × 4	4 × 4	4 × 9	4 × 6	8 × 4	5 × 4
4 × 3	4 × 7	2 × 4	4 × 8	4 × 6	4 × 5	4 × 5	4 × 9	4 × 1	4 × 4
3 × 4	7 × 4	4 × 9	4 × 5	4 × 8	4 × 5	4 × 1	2 × 4	4 × 4	6 × 4
4 × 2	4 × 3	7 × 4	4 × 5	4 × 6	4 × 4	4 × 5	9 × 4	4 × 1	8 × 4

Notes

Page: 43

Day 44

Name : . . . . Date : . . . .

Score : /100

Time : :

Multiplying by 4

3 × 4	4 × 8	9 × 4	4 × 7	1 × 4	4 × 6	4 × 1	2 × 4	4 × 4	5 × 4
1 × 4	9 × 4	4 × 4	6 × 4	5 × 4	2 × 4	4 × 2	7 × 4	3 × 4	8 × 4
4 × 5	9 × 4	4 × 4	6 × 4	4 × 9	4 × 3	1 × 4	4 × 7	4 × 2	8 × 4
1 × 4	4 × 5	4 × 4	9 × 4	4 × 3	7 × 4	7 × 4	6 × 4	5 × 4	8 × 4
2 × 4	5 × 4	8 × 4	4 × 1	9 × 4	4 × 4	6 × 4	7 × 4	4 × 5	5 × 4
4 × 8	4 × 9	7 × 4	4 × 3	4 × 6	4 × 4	4 × 1	4 × 1	4 × 2	4 × 5
4 × 2	9 × 4	4 × 4	5 × 4	4 × 4	4 × 1	6 × 4	4 × 7	4 × 8	4 × 3
8 × 4	4 × 4	4 × 1	4 × 7	5 × 4	4 × 3	6 × 4	4 × 8	9 × 4	4 × 5
1 × 4	4 × 8	4 × 6	9 × 4	4 × 1	5 × 4	3 × 4	4 × 4	4 × 7	2 × 4
4 × 6	9 × 4	3 × 4	1 × 4	5 × 4	2 × 4	4 × 4	4 × 8	7 × 4	8 × 4

Notes

Day 45

Multiplying by 4

Name : .... Date : .... Score : /100 Time : :

4 × 2	5 × 4	4 × 6	7 × 4	9 × 4	4 × 3	4 × 4	1 × 4	4 × 8	9 × 4
4 × 4	9 × 4	5 × 4	4 × 1	4 × 6	4 × 9	4 × 8	7 × 4	4 × 2	3 × 4
4 × 9	6 × 4	4 × 6	4 × 1	4 × 8	7 × 4	5 × 4	4 × 4	2 × 4	4 × 5
7 × 4	4 × 1	5 × 4	4 × 2	4 × 9	4 × 4	6 × 4	4 × 8	4 × 3	4 × 3
5 × 4	4 × 4	4 × 3	8 × 4	9 × 4	4 × 4	4 × 1	4 × 6	4 × 7	1 × 4
4 × 3	4 × 5	4 × 9	4 × 2	7 × 4	4 × 1	4 × 4	4 × 8	6 × 4	6 × 4
4 × 5	7 × 4	4 × 4	4 × 3	4 × 8	4 × 6	4 × 2	4 × 5	4 × 1	4 × 9
1 × 4	8 × 4	4 × 8	4 × 2	9 × 4	4 × 7	4 × 4	5 × 4	1 × 4	6 × 4
5 × 4	4 × 7	4 × 2	4 × 3	4 × 9	7 × 4	1 × 4	4 × 6	8 × 4	4 × 4
1 × 4	2 × 4	4 × 9	4 × 7	4 × 6	4 × 2	4 × 8	4 × 9	4 × 4	4 × 5

Notes

Day46

Multiplying by 4

Name : . . . . Date : . . . .

Score : /100

Time : :

4 × 6	4 × 4	4 × 3	4 × 4	2 × 4	4 × 7	8 × 4	4 × 1	4 × 9	4 × 5
7 × 4	4 × 4	9 × 4	8 × 4	6 × 4	4 × 2	4 × 3	5 × 4	1 × 4	9 × 4
4 × 3	4 × 2	7 × 4	6 × 4	1 × 4	4 × 8	4 × 4	3 × 4	4 × 5	4 × 9
4 × 6	4 × 1	4 × 2	4 × 7	9 × 4	4 × 6	4 × 4	4 × 3	5 × 4	4 × 8
1 × 4	7 × 4	4 × 9	6 × 4	4 × 8	9 × 4	4 × 1	8 × 4	4 × 5	4 × 4
3 × 4	4 × 1	4 × 1	4 × 7	4 × 5	4 × 4	4 × 6	8 × 4	2 × 4	4 × 9
4 × 2	4 × 9	1 × 4	4 × 4	8 × 4	9 × 4	4 × 7	6 × 4	3 × 4	4 × 5
6 × 4	1 × 4	2 × 4	4 × 9	5 × 4	4 × 4	7 × 4	4 × 2	4 × 8	4 × 3
4 × 5	7 × 4	4 × 4	4 × 8	4 × 7	9 × 4	6 × 4	1 × 4	8 × 4	9 × 4
4 × 3	8 × 4	4 × 6	1 × 4	7 × 4	4 × 2	4 × 3	4 × 4	5 × 4	4 × 9

Notes

Day 47

Multiplying by 4

Name : . . . . Date : . . . .

Score : /100

Time : :

4 × 1	6 × 4	3 × 4	5 × 4	4 × 4	8 × 4	7 × 4	9 × 4	5 × 4	4 × 9
4 × 8	6 × 4	1 × 4	5 × 4	4 × 2	7 × 4	9 × 4	4 × 4	6 × 4	4 × 3
8 × 4	4 × 9	3 × 4	5 × 4	1 × 4	5 × 4	6 × 4	4 × 8	4 × 4	4 × 7
7 × 4	4 × 9	4 × 2	4 × 4	8 × 4	9 × 4	4 × 6	6 × 4	4 × 5	4 × 1
4 × 4	3 × 4	4 × 8	4 × 9	5 × 4	1 × 4	4 × 7	4 × 6	4 × 1	9 × 4
1 × 4	4 × 9	4 × 7	4 × 5	4 × 4	4 × 6	! × 4	4 × 3	4 × 8	4 × 3
6 × 4	7 × 4	4 × 5	4 × 7	4 × 3	6 × 4	4 × 4	8 × 4	1 × 4	4 × 9
4 × 4	3 × 4	5 × 4	4 × 8	4 × 7	6 × 4	4 × 9	2 × 4	1 × 4	4 × 5
9 × 4	1 × 4	4 × 8	7 × 4	5 × 4	4 × 7	4 × 4	8 × 4	2 × 4	6 × 4
7 × 4	4 × 3	4 × 1	6 × 4	4 × 5	9 × 4	4 × 9	4 × 8	4 × 4	7 × 4

Notes

Day48

Multiplying by 4

Name : . . . . Date : . . . .

Score : /100

Time : :

7×4	6×4	4×3	8×4	4×2	4×9	4×4	1×4	5×4	4×1
1×4	9×4	4×5	4×2	4×3	7×4	4×5	6×4	8×4	4×4
4×9	5×4	6×4	5×4	9×4	1×4	7×4	8×4	4×4	4×6
9×4	5×4	3×4	4×4	9×4	6×4	4×8	7×4	4×1	4×6
1×4	5×4	7×4	4×6	1×4	4×9	4×2	4×7	4×4	8×4
4×1	9×4	4×5	4×8	7×4	6×4	4×1	4×4	4×2	4×3
4×3	4×7	4×2	4×9	4×9	4×6	4×5	1×4	8×4	4×4
4×8	7×4	7×4	4×2	2×4	1×4	4×5	6×4	4×4	4×9
6×4	5×4	9×4	4×3	8×4	1×4	7×4	4×6	4×4	4×2
7×4	4×3	4×8	4×4	1×4	3×4	6×4	4×9	4×5	6×4

Notes

Day 49

Multiplying by 4

Name : .... Date : ....

Score : /100

Time : :

1 × 4	1 × 4	4 × 2	4 × 5	9 × 4	4 × 8	7 × 4	5 × 4	4 × 4	6 × 4
4 × 8	4 × 2	4 × 7	5 × 4	4 × 9	4 × 3	6 × 4	4 × 4	1 × 4	1 × 4
4 × 8	3 × 4	8 × 4	6 × 4	4 × 4	5 × 4	4 × 6	7 × 4	1 × 4	9 × 4
4 × 3	4 × 8	9 × 4	4 × 4	4 × 5	4 × 2	4 × 9	1 × 4	4 × 6	4 × 7
4 × 7	7 × 4	3 × 4	4 × 9	4 × 4	6 × 4	4 × 5	9 × 4	8 × 4	4 × 1
6 × 4	5 × 4	4 × 9	4 × 7	5 × 4	4 × 8	1 × 4	4 × 4	4 × 2	4 × 3
4 × 2	8 × 4	4 × 5	4 × 1	9 × 4	4 × 4	4 × 3	8 × 4	6 × 4	7 × 4
4 × 9	5 × 4	2 × 4	7 × 4	4 × 2	4 × 4	4 × 5	4 × 1	4 × 8	6 × 4
4 × 7	6 × 4	4 × 2	5 × 4	4 × 4	9 × 4	5 × 4	4 × 3	1 × 4	8 × 4
4 × 5	4 × 3	5 × 4	6 × 4	4 × 7	8 × 4	4 × 4	1 × 4	4 × 5	9 × 4

Notes

Day50

Multiplying by 4

Name : . . . . Date : . . . .

Score : /100

Time : :

4×4	8×4	5×4	4×2	2×4	9×4	7×4	1×4	4×6	4×5
4×3	1×4	4×3	4×6	5×4	8×4	4×4	9×4	7×4	4×8
1×4	5×4	4×4	4×7	8×4	2×4	4×3	9×4	4×7	6×4
4×4	4×8	5×4	9×4	3×4	4×7	4×1	4×7	2×4	4×6
2×4	4×9	4×7	4×4	4×1	9×4	4×5	4×8	4×6	1×4
5×4	4×4	4×3	8×4	4×2	4×6	4×1	4×6	9×4	4×7
4×5	4×9	4×1	3×4	4×4	4×3	8×4	4×7	6×4	4×2
4×3	4×6	5×4	4×4	4×2	4×1	4×9	4×6	7×4	4×8
4×6	4×5	7×4	4×4	4×9	1×4	6×4	4×7	4×5	8×4
4×4	1×4	2×4	7×4	5×4	4×7	4×9	4×6	4×8	4×3

Notes

Day 51

Multiplying by 5

Name: .... Date: ....
Score: /100
Time: :

5 ×1	7 ×5	5 ×5	8 ×5	5 ×3	5 ×9	5 ×5	5 ×6	2 ×5	5 ×4
5 ×1	9 ×5	5 ×3	4 ×5	5 ×8	5 ×6	7 ×5	2 ×5	5 ×5	7 ×5
2 ×5	9 ×5	3 ×5	1 ×5	5 ×5	7 ×5	5 ×9	2 ×5	5 ×6	5 ×8
5 ×3	9 ×5	5 ×6	2 ×5	8 ×5	5 ×5	5 ×7	5 ×9	5 ×1	5 ×4
5 ×9	6 ×5	5 ×9	7 ×5	2 ×5	3 ×5	5 ×5	5 ×8	5 ×6	5 ×1
4 ×5	5 ×3	2 ×5	5 ×5	5 ×5	9 ×5	5 ×7	8 ×5	9 ×5	5 ×1
5 ×8	7 ×5	5 ×5	9 ×5	5 ×3	5 ×2	5 ×6	1 ×5	5 ×4	5 ×8
5 ×6	2 ×5	5 ×5	1 ×5	3 ×5	5 ×4	7 ×5	8 ×5	5 ×9	2 ×5
9 ×5	5 ×2	5 ×3	1 ×5	2 ×5	5 ×7	4 ×5	5 ×9	5 ×5	5 ×8
7 ×5	5 ×9	5 ×3	5 ×6	5 ×4	5 ×8	5 ×5	8 ×5	2 ×5	5 ×1

Notes

Day 52

Multiplying by 5

Name : .... Date : .... Score : /100   Time : :

5×8	5×6	5×1	3×5	5×5	3×5	5×2	7×5	5×4	5×9
5×6	2×5	8×5	5×9	5×3	7×5	5×8	1×5	9×5	5×5
2×5	8×5	5×7	9×5	5×4	3×5	9×5	3×5	5×5	1×5
5×3	5×8	5×3	5×5	5×2	5×6	9×5	5×1	5×4	7×5
5×3	1×5	5×8	5×7	5×2	5×5	5×4	8×5	5×2	5×9
5×5	5×5	5×9	5×2	3×5	5×7	1×5	8×5	9×5	3×5
5×5	9×5	4×5	8×5	5×3	5×4	5×1	5×2	5×4	7×5
5×7	7×5	2×5	5×3	5×5	5×6	9×5	5×4	1×5	8×5
2×5	8×5	5×3	5×7	3×5	5×2	1×5	5×5	9×5	5×4
1×5	2×5	5×9	3×5	5×4	5×2	5×5	7×5	8×5	5×3

Notes

Day 53

Multiplying by 5

Name : .... Date : ....

Score : /100

Time : :

5 × 5	2 × 5	5 × 5	3 × 5	1 × 5	7 × 5	8 × 5	5 × 6	9 × 5	2 × 5
5 × 8	5 × 7	5 × 9	5 × 8	4 × 5	3 × 5	4 × 5	5 × 1	5 × 5	2 × 5
5 × 6	2 × 5	5 × 5	7 × 5	5 × 3	5 × 9	7 × 5	5 × 8	2 × 5	5 × 1
5 × 5	2 × 5	5 × 4	5 × 6	1 × 5	5 × 7	5 × 8	5 × 5	3 × 5	9 × 5
5 × 7	3 × 5	1 × 5	8 × 5	5 × 9	4 × 5	5 × 3	9 × 5	2 × 5	5 × 5
5 × 5	1 × 5	6 × 5	7 × 5	5 × 3	9 × 5	5 × 8	5 × 5	8 × 5	2 × 5
5 × 7	5 × 5	5 × 8	1 × 5	3 × 5	9 × 5	8 × 5	9 × 5	3 × 5	2 × 5
5 × 3	5 × 9	5 × 8	2 × 5	5 × 4	5 × 5	5 × 1	5 × 7	5 × 6	5 × 2
5 × 9	4 × 5	9 × 5	8 × 5	5 × 2	5 × 5	1 × 5	5 × 4	7 × 5	3 × 5
5 × 6	5 × 4	2 × 5	5 × 9	5 × 5	5 × 5	1 × 5	5 × 7	5 × 8	5 × 3

Notes

Day 54

Multiplying by 5

Name : .... Date : .... Score : /100   Time : :

8	7	5	9	5	5	3	5	2	1
×5	×5	×5	×5	×8	×9	×5	×1	×5	×5

5	5	5	1	5	8	5	8	5	5
×5	×4	×6	×5	×9	×5	×7	×5	×3	×2

5	5	5	4	2	1	5	5	3	7
×8	×1	×5	×5	×5	×5	×9	×4	×5	×5

5	5	5	5	9	7	8	6	7	5
×8	×1	×3	×2	×5	×5	×5	×5	×5	×5

2	5	4	3	5	1	5	8	5	9
×5	×2	×5	×5	×7	×5	×5	×5	×8	×5

2	5	5	5	9	5	1	3	1	5
×5	×5	×3	×6	×5	×7	×5	×5	×5	×8

2	5	5	4	3	5	5	2	7	5
×5	×5	×1	×5	×5	×2	×9	×5	×5	×8

1	7	5	9	2	5	5	8	7	5
×5	×5	×5	×5	×5	×4	×6	×5	×5	×3

4	5	5	5	5	2	7	2	3	5
×5	×8	×9	×5	×1	×5	×5	×5	×5	×7

9	2	7	3	5	5	9	8	5	5
×5	×5	×5	×5	×3	×1	×5	×5	×6	×5

Notes

Day55

Multiplying by 5

Name : . . . . Date : . . . .

Score : /100

Time : :

5 × 5	5 × 2	8 × 5	7 × 5	5 × 4	5 × 9	5 × 3	4 × 5	5 × 6	1 × 5
5 × 3	5 × 7	2 × 5	5 × 5	5 × 3	5 × 4	5 × 1	8 × 5	9 × 5	5 × 6
8 × 5	3 × 5	5 × 8	5 × 9	5 × 5	5 × 6	7 × 5	2 × 5	9 × 5	5 × 1
2 × 5	4 × 5	5 × 8	5 × 7	5 × 9	5 × 2	5 × 5	5 × 3	5 × 4	5 × 1
5 × 5	7 × 5	2 × 5	5 × 1	9 × 5	5 × 3	5 × 1	2 × 5	5 × 8	4 × 5
3 × 5	9 × 5	3 × 5	7 × 5	2 × 5	8 × 5	7 × 5	1 × 5	5 × 8	5 × 5
5 × 1	5 × 5	5 × 3	5 × 2	4 × 5	5 × 7	5 × 9	5 × 8	5 × 5	3 × 5
5 × 8	2 × 5	4 × 5	9 × 5	2 × 5	1 × 5	5 × 3	7 × 5	3 × 5	5 × 5
3 × 5	5 × 4	5 × 1	8 × 5	5 × 9	5 × 5	5 × 7	3 × 5	2 × 5	5 × 6
7 × 5	4 × 5	3 × 5	2 × 5	5 × 5	5 × 1	3 × 5	8 × 5	5 × 9	5 × 8

Notes

Day56

Name : . . . . Date : . . . .

Score : /100

Time : :

Multiplying by 5

2 × 5	5 × 7	5 × 9	8 × 5	4 × 5	5 × 7	3 × 5	5 × 1	5 × 5	5 × 2
7 × 5	5 × 6	2 × 5	5 × 9	5 × 5	1 × 5	3 × 5	5 × 5	5 × 2	5 × 8
2 × 5	4 × 5	5 × 3	9 × 5	5 × 5	5 × 7	8 × 5	1 × 5	3 × 5	9 × 5
5 × 1	5 × 3	9 × 5	7 × 5	8 × 5	5 × 6	5 × 2	5 × 4	9 × 5	5 × 5
5 × 8	5 × 2	3 × 5	5 × 1	5 × 4	5 × 6	5 × 7	5 × 5	5 × 9	5 × 3
1 × 5	8 × 5	5 × 6	5 × 4	5 × 5	5 × 3	7 × 5	2 × 5	2 × 5	5 × 9
5 × 9	7 × 5	5 × 5	8 × 5	1 × 5	5 × 6	5 × 3	5 × 5	5 × 7	2 × 5
5 × 9	5 × 7	5 × 1	5 × 5	3 × 5	8 × 5	4 × 5	2 × 5	5 × 5	5 × 4
5 × 8	5 × 6	2 × 5	8 × 5	5 × 9	5 × 5	7 × 5	1 × 5	5 × 3	9 × 5
5 × 3	2 × 5	3 × 5	5 × 4	8 × 5	5 × 5	5 × 9	9 × 5	5 × 7	5 × 1

Notes

Day 57

Multiplying by 5

Name : .... Date : ....

Score : /100

Time : :

5 × 7	5 × 5	3 × 5	5 × 4	9 × 5	1 × 5	5 × 8	5 × 9	5 × 2	5 × 6
8 × 5	5 × 3	7 × 5	1 × 5	5 × 9	4 × 5	5 × 4	3 × 5	5 × 5	5 × 2
5 × 2	5 × 5	5 × 6	9 × 5	5 × 7	8 × 5	2 × 5	5 × 7	5 × 3	5 × 1
7 × 5	3 × 5	5 × 1	5 × 5	5 × 3	5 × 8	5 × 2	1 × 5	9 × 5	5 × 4
5 × 8	5 × 5	5 × 7	5 × 3	2 × 5	1 × 5	9 × 5	4 × 5	7 × 5	2 × 5
5 × 7	2 × 5	5 × 5	5 × 5	8 × 5	3 × 5	2 × 5	9 × 5	5 × 3	5 × 1
5 × 8	5 × 4	5 × 5	5 × 5	7 × 5	5 × 2	5 × 6	3 × 5	5 × 9	5 × 1
5 × 5	5 × 1	8 × 5	9 × 5	5 × 7	4 × 5	5 × 2	5 × 5	3 × 5	5 × 8
5 × 3	5 × 9	8 × 5	2 × 5	5 × 5	1 × 5	7 × 5	5 × 5	5 × 2	3 × 5
3 × 5	1 × 5	5 × 5	5 × 4	5 × 9	5 × 2	7 × 5	5 × 4	8 × 5	5 × 8

Notes

Day 58

Multiplying by 5

Name : .... Date : .... Score : /100 Time : :

5 × 7	5 × 2	9 × 5	3 × 5	5 × 4	5 × 1	5 × 3	5 × 6	8 × 5	5 × 5
5 × 3	5 × 9	3 × 5	8 × 5	5 × 5	5 × 1	5 × 2	5 × 4	5 × 7	5 × 6
5 × 5	8 × 5	5 × 1	3 × 5	3 × 5	2 × 5	5 × 7	4 × 5	9 × 5	5 × 5
5 × 5	2 × 5	5 × 6	1 × 5	5 × 3	5 × 2	8 × 5	5 × 8	7 × 5	9 × 5
5 × 3	5 × 6	8 × 5	1 × 5	5 × 4	2 × 5	5 × 7	5 × 8	9 × 5	5 × 5
5 × 6	5 × 1	1 × 5	5 × 3	5 × 5	5 × 8	9 × 5	5 × 4	5 × 7	2 × 5
5 × 9	1 × 5	4 × 5	5 × 8	9 × 5	2 × 5	5 × 5	5 × 6	3 × 5	5 × 7
5 × 6	5 × 1	5 × 7	5 × 5	5 × 8	5 × 9	5 × 8	3 × 5	4 × 5	2 × 5
7 × 5	3 × 5	2 × 5	4 × 5	5 × 6	1 × 5	5 × 9	5 × 5	5 × 8	2 × 5
5 × 5	5 × 4	5 × 9	5 × 3	2 × 5	8 × 5	4 × 5	1 × 5	5 × 7	5 × 2

Notes

Day 59

Multiplying by 5

Name : .... Date : ....

Score : /100

Time : :

1 × 5	5 × 2	5 × 4	5 × 5	5 × 9	5 × 8	7 × 5	5 × 3	5 × 6	5 × 8
5 × 3	5 × 2	4 × 5	5 × 5	1 × 5	5 × 9	3 × 5	5 × 2	7 × 5	5 × 8
5 × 6	5 × 3	2 × 5	5 × 9	1 × 5	5 × 2	7 × 5	5 × 8	5 × 5	1 × 5
5 × 7	9 × 5	1 × 5	5 × 2	4 × 5	3 × 5	5 × 8	7 × 5	9 × 5	5 × 5
2 × 5	5 × 9	5 × 7	5 × 5	5 × 7	3 × 5	2 × 5	5 × 8	5 × 4	1 × 5
2 × 5	5 × 1	7 × 5	5 × 9	5 × 3	5 × 5	3 × 5	5 × 8	1 × 5	8 × 5
9 × 5	2 × 5	5 × 7	5 × 3	4 × 5	1 × 5	5 × 5	9 × 5	8 × 5	9 × 5
8 × 5	3 × 5	5 × 5	2 × 5	7 × 5	5 × 4	5 × 1	9 × 5	5 × 6	5 × 5
5 × 3	5 × 8	5 × 4	5 × 7	5 × 1	5 × 9	4 × 5	7 × 5	5 × 2	5 × 5
5 × 3	9 × 5	2 × 5	8 × 5	5 × 6	1 × 5	5 × 7	5 × 5	5 × 9	5 × 2

Notes

Day 60

Name : . . . . Date : . . . .

Score : /100

Time : :

Multiplying by 5

2×5	5×5	1×5	9×5	8×5	5×1	3×5	8×5	7×5	2×5
5×5	8×5	5×9	3×5	4×5	5×6	5×1	2×5	7×5	5×8
5×9	7×5	5×3	5×6	8×5	5×5	3×5	5×1	9×5	2×5
5×3	5×3	4×5	5×9	5×1	8×5	5×2	5×5	1×5	7×5
5×1	5×6	9×5	5×5	5×3	5×7	5×4	2×5	7×5	5×8
9×5	5×1	5×5	5×6	3×5	5×2	5×8	7×5	4×5	5×9
9×5	5×7	5×2	5×5	5×3	5×8	5×1	5×6	5×1	5×4
8×5	5×2	5×5	5×9	5×4	1×5	7×5	5×5	3×5	4×5
5×5	5×4	5×1	5×8	3×5	2×5	7×5	5×3	5×9	4×5
5×7	9×5	1×5	3×5	2×5	9×5	5×2	5×5	5×8	4×5

Notes

Day61

Name : . . . . Date : . . . .

Score : /100

Time : :

Multiplying by 5

7 × 6	4 × 6	6 × 2	6 × 5	6 × 8	6 × 6	5 × 6	1 × 6	6 × 3	9 × 6
6 × 3	9 × 6	4 × 6	6 × 8	5 × 6	6 × 6	4 × 6	1 × 6	6 × 1	6 × 7
6 × 8	6 × 3	6 × 6	8 × 6	6 × 1	6 × 5	6 × 4	6 × 7	6 × 3	9 × 6
6 × 5	8 × 6	6 × 6	2 × 6	3 × 6	4 × 6	6 × 6	1 × 6	6 × 7	9 × 6
6 × 7	8 × 6	6 × 2	6 × 4	6 × 1	6 × 1	5 × 6	6 × 9	7 × 6	6 × 6
5 × 6	6 × 2	9 × 6	7 × 6	6 × 6	6 × 6	9 × 6	6 × 8	6 × 4	1 × 6
6 × 3	8 × 6	6 × 5	6 × 2	6 × 2	7 × 6	4 × 6	6 × 1	6 × 6	6 × 9
6 × 5	6 × 6	6 × 7	6 × 8	6 × 1	4 × 6	6 × 3	6 × 4	5 × 6	9 × 6
1 × 6	6 × 6	8 × 6	6 × 3	5 × 6	6 × 6	7 × 6	6 × 1	4 × 6	9 × 6
6 × 7	4 × 6	6 × 6	6 × 6	6 × 9	5 × 6	1 × 6	2 × 6	6 × 8	6 × 3

Notes

Day62

Name : . . . . Date : . . . .

Score : /100

Time : :

Multiplying by 5

6 × 6	6 × 4	8 × 6	8 × 6	6 × 5	6 × 9	6 × 6	9 × 6	6 × 7	6 × 1
9 × 6	6 × 8	6 × 6	4 × 6	6 × 2	6 × 5	1 × 6	7 × 6	6 × 3	9 × 6
1 × 6	6 × 6	6 × 8	6 × 2	6 × 7	5 × 6	3 × 6	6 × 4	6 × 1	6 × 9
6 × 6	6 × 5	9 × 6	4 × 6	8 × 6	6 × 3	1 × 6	7 × 6	4 × 6	6 × 9
6 × 3	6 × 1	9 × 6	7 × 6	8 × 6	6 × 6	6 × 9	7 × 6	6 × 4	6 × 5
6 × 1	5 × 6	3 × 6	8 × 6	5 × 6	4 × 6	6 × 7	6 × 9	6 × 6	6 × 4
6 × 3	4 × 6	1 × 6	6 × 1	6 × 5	8 × 6	6 × 7	9 × 6	6 × 2	6 × 6
1 × 6	2 × 6	6 × 7	6 × 2	9 × 6	6 × 5	6 × 6	8 × 6	4 × 6	6 × 7
4 × 6	1 × 6	6 × 9	7 × 6	6 × 7	6 × 6	6 × 2	4 × 6	6 × 5	8 × 6
6 × 9	4 × 6	6 × 3	6 × 2	6 × 3	7 × 6	6 × 8	1 × 6	6 × 5	6 × 6

Notes

Day63

Name : . . . . Date : . . . .

Score : /100

Time : :

Multiplying by 5

6 × 9	1 × 6	6 × 6	4 × 6	5 × 6	7 × 6	4 × 6	6 × 3	8 × 6	6 × 2
6 × 6	6 × 2	6 × 4	1 × 6	6 × 9	6 × 8	6 × 5	6 × 3	7 × 6	4 × 6
6 × 1	8 × 6	8 × 6	6 × 2	6 × 3	6 × 4	6 × 5	9 × 6	6 × 6	7 × 6
6 × 7	6 × 4	6 × 7	6 × 8	6 × 2	9 × 6	6 × 5	6 × 6	1 × 6	9 × 6
7 × 6	6 × 9	8 × 6	6 × 2	1 × 6	6 × 4	6 × 6	8 × 6	6 × 5	7 × 6
6 × 9	6 × 4	6 × 2	5 × 6	7 × 6	6 × 3	6 × 6	8 × 6	6 × 1	6 × 8
1 × 6	6 × 7	8 × 6	2 × 6	6 × 4	6 × 5	4 × 6	6 × 6	6 × 9	1 × 6
5 × 6	9 × 6	6 × 2	1 × 6	6 × 7	6 × 3	4 × 6	8 × 6	5 × 6	6 × 6
5 × 6	6 × 2	6 × 4	6 × 8	6 × 6	1 × 6	6 × 3	6 × 6	7 × 6	6 × 9
9 × 6	6 × 5	6 × 3	6 × 1	4 × 6	6 × 6	8 × 6	9 × 6	4 × 6	7 × 6

Notes

Day63

Multiplying by 5

Name : . . . . Date : . . . .

Score : /100

Time : :

6 × 1	8 × 6	6 × 7	6 × 9	4 × 6	6 × 8	3 × 6	5 × 6	6 × 6	5 × 6
5 × 6	6 × 9	2 × 6	7 × 6	6 × 2	1 × 6	6 × 6	4 × 6	6 × 4	8 × 6
5 × 6	8 × 6	6 × 6	6 × 1	5 × 6	9 × 6	3 × 6	2 × 6	4 × 6	7 × 6
6 × 8	6 × 7	6 × 5	6 × 9	6 × 6	6 × 2	1 × 6	4 × 6	6 × 6	6 × 3
6 × 9	6 × 6	1 × 6	2 × 6	6 × 8	6 × 4	6 × 5	6 × 2	6 × 1	6 × 7
4 × 6	1 × 6	6 × 5	6 × 6	6 × 9	6 × 3	9 × 6	6 × 3	8 × 6	6 × 7
1 × 6	6 × 7	6 × 4	5 × 6	6 × 8	9 × 6	1 × 6	6 × 3	6 × 6	6 × 2
8 × 6	6 × 3	1 × 6	4 × 6	9 × 6	6 × 8	6 × 6	4 × 6	7 × 6	6 × 5
6 × 5	6 × 4	6 × 7	6 × 9	6 × 8	5 × 6	8 × 6	6 × 1	6 × 2	6 × 6
7 × 6	6 × 6	5 × 6	6 × 5	1 × 6	6 × 2	6 × 8	6 × 2	9 × 6	6 × 4

Notes

Day65

Name : . . . . Date : . . . .

Score : /100

Time : :

Multiplying by 5

4 × 6	6 × 9	6 × 6	2 × 6	6 × 5	1 × 6	7 × 6	3 × 6	6 × 8	4 × 6
6 × 3	9 × 6	6 × 1	6 × 6	6 × 6	5 × 6	4 × 6	7 × 6	6 × 8	6 × 9
6 × 5	6 × 2	6 × 6	9 × 6	6 × 6	6 × 3	6 × 7	4 × 6	8 × 6	6 × 1
1 × 6	6 × 9	6 × 7	2 × 6	8 × 6	6 × 4	5 × 6	6 × 5	6 × 1	6 × 6
6 × 1	8 × 6	7 × 6	6 × 9	6 × 8	3 × 6	4 × 6	6 × 6	6 × 4	6 × 5
2 × 6	6 × 8	6 × 6	1 × 6	9 × 6	6 × 4	9 × 6	6 × 4	6 × 5	7 × 6
7 × 6	6 × 2	6 × 4	6 × 1	2 × 6	5 × 6	6 × 6	4 × 6	8 × 6	9 × 6
6 × 6	6 × 7	4 × 6	5 × 6	8 × 6	6 × 1	3 × 6	6 × 9	6 × 2	9 × 6
4 × 6	7 × 6	6 × 9	6 × 8	6 × 5	6 × 2	6 × 6	6 × 3	6 × 9	1 × 6
6 × 2	8 × 6	6 × 6	9 × 6	5 × 6	7 × 6	6 × 4	6 × 1	6 × 9	6 × 6

Notes

Day 66
Multiplying by 5

Name: .... Date: ....

Score: /100

Time: :

3 × 6	6 × 8	6 × 7	6 × 4	6 × 3	6 × 6	6 × 5	9 × 6	6 × 7	6 × 1
1 × 6	8 × 6	6 × 4	2 × 6	6 × 7	4 × 6	6 × 6	9 × 6	6 × 5	7 × 6
8 × 6	6 × 1	6 × 4	5 × 6	6 × 3	7 × 6	6 × 2	6 × 5	6 × 6	6 × 9
6 × 3	9 × 6	6 × 4	6 × 6	5 × 6	6 × 5	6 × 8	7 × 6	6 × 2	1 × 6
6 × 1	7 × 6	9 × 6	6 × 8	6 × 7	5 × 6	6 × 6	6 × 6	6 × 4	4 × 6
8 × 6	1 × 6	5 × 6	6 × 2	2 × 6	6 × 9	6 × 4	7 × 6	6 × 5	6 × 6
7 × 6	9 × 6	9 × 6	6 × 3	6 × 2	6 × 6	1 × 6	4 × 6	8 × 6	5 × 6
5 × 6	7 × 6	6 × 1	4 × 6	6 × 4	6 × 5	9 × 6	8 × 6	2 × 6	6 × 6
5 × 6	3 × 6	9 × 6	6 × 4	7 × 6	6 × 6	1 × 6	4 × 6	6 × 8	6 × 3
2 × 6	6 × 1	4 × 6	6 × 2	6 × 6	5 × 6	1 × 6	6 × 8	7 × 6	6 × 9

Notes

Day 67

Name : . . . . Date : . . . .

Score : /100

Time : :

Multiplying by 6

6×5	6×6	4×6	1×6	6×7	8×6	6×9	6×1	6×2	6×3
8×6	6×8	7×6	6×6	6×9	7×6	4×6	1×6	6×5	5×6
3×6	6×1	7×6	6×4	6×6	9×6	6×1	5×6	6×8	6×2
6×3	6×2	6×9	6×4	6×9	6×8	5×6	1×6	6×7	6×6
6×7	1×6	2×6	6×6	8×6	6×4	7×6	5×6	6×6	6×9
6×1	5×6	9×6	4×6	6×8	7×6	6×3	6×6	6×2	6×4
6×9	5×6	6×1	3×6	6×8	6×5	1×6	4×6	7×6	6×6
8×6	7×6	6×1	8×6	6×6	5×6	6×9	6×9	4×6	6×7
6×1	5×6	6×7	8×6	7×6	6×1	2×6	9×6	4×6	6×6
6×6	9×6	8×6	1×6	6×5	6×3	6×6	4×6	6×7	6×9

Notes

Day68

Multiplying by 5

Name : .... Date : ....

Score : /100

Time : :

1 × 6	4 × 6	6 × 6	6 × 8	6 × 7	6 × 2	6 × 6	9 × 6	6 × 5	3 × 6
6 × 8	6 × 1	4 × 6	6 × 9	6 × 5	6 × 3	6 × 6	7 × 6	5 × 6	9 × 6
4 × 6	6 × 8	6 × 7	2 × 6	6 × 2	6 × 6	5 × 6	6 × 1	6 × 7	6 × 9
6 × 1	7 × 6	8 × 6	9 × 6	4 × 6	6 × 2	6 × 9	5 × 6	6 × 9	6 × 6
1 × 6	6 × 9	6 × 8	6 × 1	7 × 6	6 × 6	4 × 6	5 × 6	1 × 6	6 × 4
6 × 7	9 × 6	6 × 8	6 × 6	6 × 1	6 × 2	4 × 6	5 × 6	6 × 3	6 × 5
6 × 9	6 × 3	6 × 2	8 × 6	4 × 6	6 × 6	8 × 6	6 × 7	6 × 5	6 × 1
6 × 5	6 × 9	6 × 4	3 × 6	6 × 7	6 × 1	6 × 8	4 × 6	6 × 6	7 × 6
8 × 6	6 × 3	6 × 6	6 × 1	5 × 6	6 × 2	6 × 4	7 × 6	9 × 6	6 × 9
6 × 6	6 × 5	6 × 8	6 × 6	6 × 9	2 × 6	5 × 6	6 × 4	6 × 7	6 × 1

Notes

Name : . . . . Date : . . . .

Score : /100

Time : :

Multiplying by 5

6 × 2	6 × 7	6 × 9	6 × 9	8 × 6	6 × 6	6 × 5	6 × 4	6 × 3	1 × 6
3 × 6	7 × 6	6 × 5	5 × 6	6 × 2	8 × 6	9 × 6	6 × 1	4 × 6	6 × 6
6 × 7	6 × 6	6 × 1	8 × 6	6 × 2	6 × 2	4 × 6	6 × 5	9 × 6	6 × 3
6 × 7	6 × 7	6 × 5	6 × 8	6 × 1	6 × 2	4 × 6	6 × 9	6 × 3	6 × 6
7 × 6	6 × 2	1 × 6	5 × 6	6 × 6	9 × 6	6 × 4	6 × 3	8 × 6	6 × 3
4 × 6	6 × 5	9 × 6	6 × 3	2 × 6	6 × 6	1 × 6	6 × 8	6 × 6	7 × 6
6 × 1	5 × 6	6 × 7	9 × 6	6 × 8	6 × 9	8 × 6	6 × 6	6 × 4	6 × 2
8 × 6	9 × 6	6 × 7	6 × 6	9 × 6	7 × 6	5 × 6	6 × 4	6 × 5	6 × 1
5 × 6	9 × 6	7 × 6	3 × 6	8 × 6	6 × 6	6 × 7	6 × 6	1 × 6	4 × 6
6 × 9	2 × 6	6 × 8	3 × 6	6 × 3	6 × 7	6 × 6	6 × 4	5 × 6	1 × 6

Notes

Day70

Name : . . . . Date : . . . .

Score : /100

Time : :

Multiplying by 5

6×4	6×5	8×6	6×3	6×9	1×6	6×7	2×6	6×6	1×6
6×2	5×6	1×6	9×6	6×2	8×6	7×6	6×6	6×3	6×4
6×3	6×3	6×6	6×9	6×2	7×6	8×6	4×6	6×5	1×6
5×6	6×9	7×6	6×2	6×8	6×6	6×4	1×6	6×6	6×3
6×7	7×6	6×6	1×6	9×6	6×2	6×4	6×8	3×6	6×5
6×2	7×6	6×3	6×1	6×3	6×8	6×5	9×6	6×6	6×4
4×6	5×6	6×9	6×1	6×6	1×6	7×6	9×6	8×6	6×4
6×8	3×6	6×6	5×6	9×6	1×6	6×8	4×6	7×6	6×2
6×6	6×4	5×6	7×6	9×6	2×6	1×6	4×6	9×6	8×6
6×6	7×6	6×9	6×9	3×6	5×6	6×3	4×6	8×6	1×6

Notes

Day71

Name : . . . . Date : . . . .

Score : /100

Time : :

Multiplying by 7

6 × 7	7 × 7	4 × 7	7 × 5	3 × 7	7 × 8	7 × 2	1 × 7	7 × 9	7 × 7
7 × 4	7 × 6	7 × 2	1 × 7	7 × 8	7 × 9	3 × 7	6 × 7	7 × 7	5 × 7
5 × 7	7 × 7	7 × 1	7 × 8	5 × 7	6 × 7	7 × 4	7 × 6	3 × 7	7 × 3
1 × 7	6 × 7	1 × 7	4 × 7	2 × 7	7 × 7	7 × 8	3 × 7	7 × 5	7 × 2
7 × 3	6 × 7	7 × 5	7 × 8	7 × 9	7 × 7	1 × 7	7 × 4	1 × 7	7 × 2
7 × 8	7 × 7	3 × 7	7 × 4	7 × 6	5 × 7	7 × 5	1 × 7	4 × 7	7 × 9
3 × 7	5 × 7	7 × 8	8 × 7	7 × 7	4 × 7	1 × 7	7 × 6	7 × 2	7 × 4
8 × 7	6 × 7	3 × 7	1 × 7	7 × 1	7 × 4	7 × 7	8 × 7	9 × 7	5 × 7
7 × 1	7 × 7	7 × 6	7 × 2	7 × 9	3 × 7	5 × 7	7 × 8	7 × 3	7 × 4
7 × 7	7 × 2	7 × 9	7 × 6	5 × 7	4 × 7	7 × 3	1 × 7	8 × 7	7 × 6

Notes

Day 72

Name : . . . . Date : . . . .

Score : /100

Time : :

Multiplying by 7

3×7	7×6	7×2	5×7	1×7	6×7	2×7	8×7	7×7	4×7
7×6	7×3	3×7	1×7	7×4	7×7	5×7	8×7	7×4	7×2
7×7	7×2	4×7	7×3	7×6	7×9	7×5	7×2	8×7	7×1
7×1	7×2	7×2	7×6	8×7	3×7	7×7	5×7	9×7	4×7
7×1	7×4	8×7	7×2	7×7	7×6	7×5	3×7	7×6	2×7
8×7	3×7	7×1	9×7	7×4	5×7	6×7	7×7	7×6	7×9
7×6	6×7	1×7	7×7	8×7	7×2	7×4	5×7	5×7	3×7
5×7	7×3	7×4	4×7	7×6	6×7	7×7	7×9	7×1	8×7
7×9	4×7	7×5	7×6	7×1	3×7	7×7	5×7	7×8	4×7
7×8	5×7	1×7	3×7	7×6	4×7	7×9	7×2	7×7	5×7

Notes

Day 73

Multiplying by 7

Name : .... Date : .... Score : /100 Time : :

7	8	7	7	9	5	7	7	7	5
×4	×7	×7	×1	×7	×7	×6	×3	×2	×7

7	7	1	6	5	3	7	3	7	4
×7	×7	×7	×7	×7	×7	×8	×7	×9	×7

7	8	6	8	7	4	7	2	7	7
×1	×7	×7	×7	×7	×7	×5	×7	×3	×2

4	8	3	7	6	7	7	5	7	7
×7	×7	×7	×2	×7	×6	×1	×7	×3	×7

7	5	4	3	7	7	9	1	7	8
×2	×7	×7	×7	×2	×6	×7	×7	×7	×7

7	4	7	7	7	7	7	7	7	7
×7	×7	×3	×9	×2	×1	×5	×3	×6	×8

7	5	6	7	8	1	3	4	7	2
×7	×7	×7	×3	×7	×7	×7	×7	×2	×7

1	9	7	7	7	4	7	2	7	7
×7	×7	×3	×1	×6	×7	×5	×7	×8	×7

7	5	4	8	1	7	7	7	7	7
×6	×7	×7	×7	×7	×2	×3	×7	×9	×7

7	7	7	8	7	7	7	7	4	5
×2	×1	×4	×7	×2	×6	×3	×7	×7	×7

Notes

Page: 73

Day 74

Name : . . . . Date : . . . .

Score : /100

Time : :

Multiplying by 7

7 × 5	7 × 8	9 × 7	4 × 7	7 × 3	6 × 7	7 × 3	7 × 7	1 × 7	7 × 4
7 × 6	4 × 7	8 × 7	7 × 2	5 × 7	7 × 4	7 × 9	7 × 7	1 × 7	7 × 3
7 × 3	7 × 7	7 × 8	7 × 1	6 × 7	7 × 2	7 × 5	7 × 4	7 × 8	7 × 9
7 × 7	7 × 3	8 × 7	3 × 7	7 × 5	7 × 4	9 × 7	7 × 6	7 × 1	7 × 2
7 × 9	7 × 1	6 × 7	4 × 7	7 × 4	3 × 7	5 × 7	2 × 7	8 × 7	7 × 7
7 × 1	7 × 7	7 × 5	7 × 8	8 × 7	7 × 9	3 × 7	9 × 7	7 × 4	6 × 7
2 × 7	8 × 7	7 × 2	7 × 1	7 × 7	7 × 4	3 × 7	5 × 7	4 × 7	7 × 6
3 × 7	7 × 3	8 × 7	7 × 1	7 × 5	6 × 7	4 × 7	7 × 4	7 × 7	7 × 2
7 × 4	5 × 7	7 × 6	3 × 7	8 × 7	1 × 7	7 × 2	7 × 7	8 × 7	7 × 8
7 × 3	7 × 4	7 × 6	5 × 7	3 × 7	7 × 6	1 × 7	7 × 5	7 × 7	7 × 8

Notes

Day 75

Name: .... Date: .... Score: /100 Time: :

Multiplying by 2

7 × 5	7 × 4	7 × 8	7 × 5	7 × 7	7 × 1	4 × 7	3 × 7	7 × 6	9 × 7
7 × 9	7 × 6	4 × 7	2 × 7	5 × 7	1 × 7	7 × 7	7 × 3	7 × 5	7 × 8
7 × 1	2 × 7	4 × 7	7 × 5	7 × 4	7 × 7	7 × 7	6 × 7	8 × 7	3 × 7
7 × 6	7 × 4	6 × 7	5 × 7	7 × 1	8 × 7	7 × 3	7 × 9	1 × 7	7 × 7
7 × 4	1 × 7	3 × 7	7 × 8	2 × 7	9 × 7	7 × 7	5 × 7	6 × 7	5 × 7
7 × 4	7 × 7	8 × 7	7 × 3	9 × 7	7 × 1	7 × 2	6 × 7	7 × 9	5 × 7
7 × 7	5 × 7	3 × 7	1 × 7	5 × 7	6 × 7	7 × 8	3 × 7	7 × 9	7 × 4
7 × 1	7 × 4	6 × 7	4 × 7	7 × 8	7 × 3	8 × 7	7 × 7	7 × 2	7 × 5
7 × 4	1 × 7	2 × 7	7 × 5	7 × 7	7 × 6	7 × 7	7 × 8	3 × 7	7 × 2
7 × 4	7 × 7	7 × 3	8 × 7	7 × 6	1 × 7	5 × 7	4 × 7	6 × 7	7 × 2

Notes

Page: 75

Day 76

Name : .... Date : ....

Score : /100

Time : :

Multiplying by 7

7×7	7×6	7×7	7×5	8×7	7×9	7×2	7×4	7×3	7×1
7×9	1×7	7×3	7×8	7×7	7×6	7×5	4×7	7×4	7×2
7×2	8×7	5×7	7×3	1×7	6×7	7×4	7×8	7×9	7×7
5×7	6×7	7×1	7×3	7×2	7×9	7×8	8×7	4×7	7×7
7×5	4×7	7×6	1×7	7×7	7×7	5×7	4×7	7×8	7×3
7×8	7×7	7×2	7×9	1×7	5×7	7×6	7×3	4×7	7×1
7×7	3×7	8×7	7×1	4×7	5×7	7×3	1×7	6×7	2×7
1×7	7×9	7×8	5×7	7×7	3×7	7×5	7×4	7×2	7×6
4×7	3×7	2×7	5×7	8×7	1×7	7×5	7×7	7×7	6×7
3×7	9×7	7×9	7×5	7×7	6×7	8×7	7×4	5×7	1×7

Notes

Day 77

Name : . . . . Date : . . . .

Score : /100

Time : :

Multiplying by 7

8 × 7	7 × 1	4 × 7	7 × 3	5 × 7	7 × 9	6 × 7	9 × 7	1 × 7	7 × 7
4 × 7	6 × 7	7 × 5	7 × 7	7 × 9	4 × 7	7 × 2	7 × 8	1 × 7	7 × 3
7 × 7	7 × 3	6 × 7	7 × 2	7 × 8	7 × 9	5 × 7	4 × 7	7 × 1	6 × 7
7 × 3	8 × 7	5 × 7	7 × 6	3 × 7	7 × 9	7 × 1	7 × 7	7 × 4	5 × 7
7 × 4	7 × 7	7 × 1	7 × 8	7 × 5	2 × 7	7 × 3	6 × 7	7 × 9	8 × 7
6 × 7	7 × 2	7 × 5	7 × 8	7 × 1	7 × 7	4 × 7	7 × 7	3 × 7	7 × 6
7 × 2	7 × 9	7 × 7	6 × 7	3 × 7	3 × 7	5 × 7	7 × 4	8 × 7	1 × 7
7 × 2	5 × 7	7 × 9	7 × 6	8 × 7	7 × 7	3 × 7	7 × 2	7 × 1	4 × 7
3 × 7	4 × 7	5 × 7	7 × 7	6 × 7	2 × 7	1 × 7	5 × 7	7 × 8	7 × 7
1 × 7	7 × 4	8 × 7	7 × 5	4 × 7	3 × 7	7 × 2	7 × 7	6 × 7	7 × 3

Notes

Day78

Multiplying by 7

Name : . . . . Date : . . . .

Score : /100

Time : :

7 × 2	7 × 1	7 × 4	5 × 7	7 × 7	7 × 8	8 × 7	7 × 6	3 × 7	9 × 7
7 × 3	1 × 7	5 × 7	7 × 4	5 × 7	7 × 8	7 × 9	4 × 7	7 × 6	7 × 7
7 × 4	7 × 9	3 × 7	5 × 7	7 × 7	7 × 6	6 × 7	7 × 8	7 × 2	7 × 1
1 × 7	2 × 7	5 × 7	3 × 7	7 × 1	4 × 7	8 × 7	4 × 7	6 × 7	7 × 7
7 × 7	7 × 3	7 × 8	5 × 7	7 × 9	7 × 4	7 × 1	7 × 5	7 × 2	6 × 7
2 × 7	8 × 7	5 × 7	4 × 7	7 × 3	7 × 6	7 × 4	1 × 7	9 × 7	7 × 7
7 × 5	6 × 7	8 × 7	1 × 7	2 × 7	7 × 7	7 × 4	6 × 7	7 × 2	3 × 7
7 × 2	4 × 7	8 × 7	7 × 3	7 × 7	7 × 3	5 × 7	6 × 7	1 × 7	9 × 7
1 × 7	8 × 7	4 × 7	9 × 7	7 × 9	5 × 7	7 × 7	7 × 2	3 × 7	6 × 7
7 × 8	7 × 1	7 × 5	7 × 6	7 × 8	7 × 7	7 × 4	4 × 7	5 × 7	3 × 7

Notes

Day79

Multiplying by 7

Name : . . . . Date : . . . .

Score : /100

Time : :

7 × 3	1 × 7	7 × 7	8 × 7	4 × 7	2 × 7	7 × 5	5 × 7	4 × 7	6 × 7
7 × 6	7 × 2	4 × 7	2 × 7	7 × 7	7 × 5	3 × 7	1 × 7	7 × 8	7 × 2
7 × 8	7 × 1	3 × 7	7 × 4	7 × 6	6 × 7	9 × 7	5 × 7	7 × 7	3 × 7
5 × 7	1 × 7	7 × 9	7 × 7	7 × 4	6 × 7	8 × 7	7 × 3	7 × 7	7 × 8
8 × 7	7 × 9	3 × 7	9 × 7	5 × 7	6 × 7	6 × 7	7 × 4	7 × 1	7 × 7
5 × 7	7 × 7	7 × 6	7 × 5	1 × 7	7 × 9	7 × 4	7 × 2	3 × 7	8 × 7
7 × 8	1 × 7	7 × 7	7 × 6	7 × 9	4 × 7	3 × 7	7 × 2	5 × 7	7 × 4
6 × 7	7 × 7	3 × 7	7 × 1	7 × 9	5 × 7	4 × 7	7 × 3	8 × 7	7 × 5
7 × 8	7 × 1	7 × 4	7 × 3	2 × 7	5 × 7	7 × 7	7 × 2	6 × 7	7 × 8
6 × 7	4 × 7	3 × 7	7 × 1	7 × 8	4 × 7	5 × 7	7 × 7	6 × 7	9 × 7

Notes

Day 80
Multiplying by 7

Name : .... Date : .... Score : /100 Time : :

6 × 7	4 × 7	7 × 5	8 × 7	5 × 7	7 × 2	1 × 7	7 × 7	3 × 7	7 × 8
7 × 3	7 × 8	7 × 7	7 × 4	7 × 5	7 × 9	2 × 7	7 × 1	4 × 7	7 × 6
7 × 1	7 × 7	4 × 7	3 × 7	7 × 6	7 × 9	7 × 8	5 × 7	9 × 7	8 × 7
1 × 7	7 × 5	7 × 2	8 × 7	5 × 7	7 × 2	7 × 6	3 × 7	7 × 7	4 × 7
7 × 6	2 × 7	7 × 4	7 × 5	7 × 3	9 × 7	7 × 2	7 × 1	8 × 7	7 × 7
1 × 7	7 × 2	7 × 7	7 × 3	5 × 7	7 × 1	6 × 7	8 × 7	1 × 7	4 × 7
4 × 7	2 × 7	7 × 8	7 × 1	3 × 7	7 × 7	7 × 1	6 × 7	7 × 5	3 × 7
1 × 7	4 × 7	7 × 9	1 × 7	8 × 7	7 × 7	7 × 5	7 × 3	7 × 6	7 × 2
7 × 3	7 × 7	8 × 7	7 × 4	7 × 6	5 × 7	4 × 7	7 × 1	8 × 7	7 × 2
3 × 7	7 × 8	3 × 7	7 × 7	7 × 2	6 × 7	4 × 7	1 × 7	7 × 9	7 × 5

Notes

Day 81 — Multiplying by 8

Name : .... Date : .... Score : /100 Time :

8×8	8×4	8×3	7×8	2×8	9×8	8×6	8×5	1×8	8×7
2×8	7×8	8×8	3×8	5×8	8×9	3×8	8×1	8×4	9×8
9×8	8×6	8×2	3×8	2×8	4×8	8×7	8×8	3×8	1×8
8×4	2×8	8×9	8×2	8×8	7×8	4×8	3×8	1×8	5×8
8×7	8×8	8×5	8×4	8×1	8×7	9×8	2×8	3×8	8×3
8×3	8×1	8×3	2×8	8×8	8×2	8×7	8×9	8×4	8×5
8×3	9×8	8×1	8×8	2×8	5×8	8×3	9×8	4×8	8×7
8×2	8×9	8×8	4×8	1×8	8×3	8×5	8×7	3×8	4×8
8×8	3×8	8×2	1×8	8×8	8×6	9×8	4×8	9×8	8×7
8×8	8×9	8×7	8×4	8×3	8×1	5×8	8×5	8×7	2×8

Notes

Day 82

Name : . . . . Date : . . . .

Score : /100

Time : :

Multiplying by 8

1 × 8	8 × 5	8 × 1	8 × 4	8 × 7	4 × 8	9 × 8	8 × 8	8 × 2	3 × 8
8 × 8	2 × 8	8 × 1	7 × 8	8 × 3	3 × 8	8 × 4	2 × 8	8 × 9	8 × 6
8 × 3	9 × 8	7 × 8	4 × 8	8 × 6	1 × 8	2 × 8	2 × 8	8 × 8	8 × 9
8 × 1	8 × 7	8 × 8	4 × 8	3 × 8	8 × 8	8 × 9	8 × 5	8 × 6	8 × 2
3 × 8	8 × 5	8 × 6	4 × 8	8 × 1	8 × 8	7 × 8	9 × 8	8 × 2	2 × 8
3 × 8	8 × 9	2 × 8	8 × 9	8 × 6	8 × 5	1 × 8	8 × 8	4 × 8	8 × 7
8 × 8	8 × 2	4 × 8	1 × 8	8 × 9	8 × 3	4 × 8	8 × 1	7 × 8	8 × 6
8 × 9	8 × 5	8 × 7	8 × 1	8 × 3	3 × 8	2 × 8	8 × 4	2 × 8	8 × 8
2 × 8	8 × 6	8 × 3	8 × 7	8 × 5	8 × 9	8 × 1	4 × 8	8 × 8	8 × 7
8 × 8	8 × 9	8 × 6	8 × 8	7 × 8	2 × 8	8 × 1	8 × 3	4 × 8	9 × 8

Notes

Day 83
Multiplying by 8

Name : .... Date : .... Score : /100 Time : :

3 × 8	2 × 8	8 × 2	8 × 6	4 × 8	8 × 7	9 × 8	1 × 8	8 × 8	8 × 1
4 × 8	8 × 7	9 × 8	2 × 8	5 × 8	1 × 8	8 × 8	8 × 3	8 × 4	8 × 5
8 × 3	9 × 8	8 × 1	9 × 8	8 × 1	8 × 7	2 × 8	8 × 8	8 × 4	8 × 6
9 × 8	1 × 8	2 × 8	8 × 7	8 × 5	8 × 2	3 × 8	7 × 8	8 × 8	8 × 4
2 × 8	8 × 8	8 × 8	8 × 9	4 × 8	3 × 8	8 × 4	8 × 7	8 × 1	8 × 5
9 × 8	8 × 4	8 × 2	7 × 8	8 × 1	8 × 8	8 × 3	8 × 4	2 × 8	8 × 6
8 × 4	9 × 8	8 × 5	2 × 8	8 × 8	8 × 3	7 × 8	9 × 8	1 × 8	6 × 8
1 × 8	8 × 6	8 × 8	8 × 4	3 × 8	8 × 8	7 × 8	2 × 8	8 × 9	8 × 5
7 × 8	8 × 8	8 × 3	2 × 8	8 × 5	8 × 4	5 × 8	8 × 9	8 × 1	9 × 8
8 × 3	4 × 8	8 × 4	8 × 9	1 × 8	7 × 8	3 × 8	8 × 2	5 × 8	8 × 8

Notes

Page: 83

Day 84

Multiplying by 4

Name : . . . . Date : . . . .

Score : /100

Time : :

8×8	7×8	8×1	9×8	8×3	1×8	4×8	2×8	8×5	9×8
8×2	8×4	8×2	5×8	8×9	8×1	8×7	8×5	3×8	8×8
1×8	8×8	8×3	7×8	8×6	4×8	2×8	2×8	9×8	1×8
3×8	8×8	8×3	8×6	8×2	8×5	8×9	1×8	8×4	8×7
8×1	4×8	4×8	8×9	8×2	3×8	8×8	7×8	8×6	8×5
1×8	8×9	8×6	2×8	5×8	8×8	7×8	8×9	4×8	3×8
2×8	8×5	8×1	8×3	9×8	8×6	8×8	8×4	7×8	1×8
4×8	8×8	8×3	8×1	8×6	9×8	8×2	7×8	2×8	8×5
4×8	8×8	8×2	8×6	8×9	7×8	8×3	8×8	4×8	8×1
8×5	8×3	8×6	8×4	2×8	3×8	8×7	9×8	8×8	8×1

Notes

Day 85
Multiplying by 8

Name : .... Date : ....

Score : /100

Time : :

8	8	8	1	9	4	8	3	2	8
×9	×2	×7	×8	×8	×8	×8	×8	×8	×5

5	7	2	8	8	4	7	8	3	9
×8	×8	×8	×8	×5	×8	×8	×1	×8	×8

8	2	8	8	4	3	8	8	8	5
×9	×8	×8	×3	×8	×8	×7	×1	×6	×8

3	8	8	8	8	3	4	9	5	8
×8	×8	×7	×4	×2	×8	×8	×8	×8	×1

8	8	8	2	8	8	8	2	8	8
×8	×3	×6	×8	×2	×9	×4	×8	×7	×1

8	8	4	8	8	8	8	8	8	9
×3	×6	×8	×1	×8	×7	×2	×8	×4	×8

8	8	8	8	8	1	7	2	8	4
×3	×9	×6	×5	×8	×8	×8	×8	×8	×8

8	4	2	8	5	9	8	1	8	8
×3	×8	×8	×8	×8	×8	×8	×8	×6	×7

2	4	8	8	8	8	3	8	8	9
×8	×8	×6	×8	×1	×9	×8	×2	×7	×8

8	8	2	9	4	8	1	8	9	3
×7	×4	×8	×8	×8	×6	×8	×8	×8	×8

Notes

Day86

Multiplying by 8

Name : . . . . Date : . . . .

Score : /100

Time : :

2 × 8	9 × 8	8 × 3	8 × 2	4 × 8	7 × 8	8 × 8	5 × 8	8 × 6	1 × 8
8 × 6	8 × 3	8 × 2	9 × 8	8 × 1	8 × 4	8 × 8	8 × 5	8 × 7	8 × 4
3 × 8	1 × 8	8 × 6	2 × 8	8 × 8	8 × 6	9 × 8	4 × 8	7 × 8	8 × 5
3 × 8	8 × 2	8 × 7	8 × 7	4 × 8	8 × 5	8 × 9	8 × 8	8 × 6	8 × 1
8 × 8	9 × 8	2 × 8	8 × 5	8 × 6	4 × 8	8 × 3	3 × 8	8 × 1	8 × 7
3 × 8	8 × 8	8 × 3	8 × 2	8 × 1	4 × 8	8 × 9	7 × 8	5 × 8	8 × 5
8 × 4	9 × 8	4 × 8	8 × 7	8 × 6	8 × 8	8 × 3	1 × 8	2 × 8	8 × 7
8 × 9	1 × 8	8 × 8	8 × 2	4 × 8	8 × 8	8 × 6	8 × 3	8 × 7	8 × 5
8 × 8	8 × 9	1 × 8	3 × 8	2 × 8	9 × 8	8 × 7	8 × 5	4 × 8	8 × 2
8 × 8	1 × 8	8 × 4	8 × 6	3 × 8	2 × 8	8 × 7	8 × 9	3 × 8	8 × 5

Notes

Day 87

Multiplying by 8

Name : . . . . Date : . . . .

Score : /100

Time : :

1 × 8	8 × 5	8 × 9	4 × 8	2 × 8	6 × 8	8 × 7	8 × 3	8 × 8	8 × 2
9 × 8	8 × 4	8 × 8	3 × 8	1 × 8	8 × 2	2 × 8	8 × 8	8 × 7	8 × 6
8 × 1	8 × 6	9 × 8	9 × 8	2 × 8	8 × 7	8 × 5	8 × 8	8 × 3	4 × 8
8 × 1	8 × 6	7 × 8	9 × 8	2 × 8	8 × 8	4 × 8	8 × 5	8 × 8	8 × 3
1 × 8	9 × 8	9 × 8	8 × 7	8 × 2	3 × 8	8 × 8	8 × 6	8 × 5	4 × 8
4 × 8	8 × 6	9 × 8	2 × 8	8 × 8	8 × 4	7 × 8	8 × 3	1 × 8	9 × 8
2 × 8	8 × 1	8 × 6	8 × 5	8 × 8	8 × 4	4 × 8	9 × 8	7 × 8	3 × 8
2 × 8	1 × 8	8 × 7	8 × 8	8 × 1	8 × 6	4 × 8	8 × 9	8 × 3	5 × 8
4 × 8	8 × 1	8 × 7	8 × 8	9 × 8	8 × 2	8 × 8	9 × 8	8 × 5	3 × 8
8 × 1	8 × 8	3 × 8	8 × 4	1 × 8	9 × 8	8 × 5	8 × 2	7 × 8	8 × 6

Notes

Day 88
Multiplying by 8

Name : .... Date : ....

Score : /100

Time : :

8 × 3	5 × 8	8 × 8	8 × 9	1 × 8	8 × 7	3 × 8	4 × 8	2 × 8	8 × 6
8 × 8	2 × 8	8 × 1	8 × 4	3 × 8	4 × 8	8 × 7	8 × 9	8 × 6	6 × 8
8 × 8	8 × 5	8 × 7	9 × 8	8 × 2	1 × 8	8 × 3	6 × 8	4 × 8	8 × 8
5 × 8	8 × 3	8 × 9	8 × 4	7 × 8	2 × 8	8 × 2	9 × 8	8 × 1	8 × 8
4 × 8	9 × 8	8 × 4	8 × 7	8 × 3	1 × 8	3 × 8	2 × 8	8 × 8	8 × 2
8 × 8	8 × 6	4 × 8	1 × 8	2 × 8	9 × 8	3 × 8	6 × 8	8 × 9	7 × 8
8 × 7	8 × 9	1 × 8	8 × 5	8 × 8	3 × 8	8 × 6	8 × 2	7 × 8	8 × 4
9 × 8	7 × 8	2 × 8	2 × 8	3 × 8	4 × 8	8 × 8	9 × 8	8 × 4	1 × 8
8 × 1	3 × 8	8 × 6	8 × 8	7 × 8	9 × 8	8 × 2	4 × 8	8 × 3	2 × 8
8 × 7	3 × 8	8 × 8	8 × 1	7 × 8	8 × 5	8 × 6	8 × 2	9 × 8	8 × 4

Notes

Day 89

Multiplying by 8

Name : .... Date : ....

Score : /100

Time : :

8 × 2	8 × 8	8 × 3	8 × 1	8 × 6	3 × 8	8 × 4	9 × 8	7 × 8	8 × 5
8 × 5	8 × 6	8 × 9	8 × 4	7 × 8	8 × 8	3 × 8	8 × 2	1 × 8	8 × 7
8 × 1	7 × 8	8 × 8	8 × 9	5 × 8	4 × 8	8 × 3	8 × 4	2 × 8	4 × 8
8 × 7	9 × 8	8 × 5	8 × 8	8 × 2	1 × 8	8 × 6	8 × 4	8 × 5	3 × 8
8 × 7	8 × 9	2 × 8	8 × 4	3 × 8	8 × 7	8 × 8	8 × 1	8 × 5	2 × 8
8 × 4	8 × 8	8 × 9	8 × 1	4 × 8	3 × 8	8 × 5	8 × 7	8 × 3	8 × 2
3 × 8	8 × 3	7 × 8	8 × 7	8 × 8	2 × 8	9 × 8	5 × 8	8 × 1	8 × 4
9 × 8	2 × 8	3 × 8	7 × 8	5 × 8	2 × 8	4 × 8	1 × 8	8 × 8	8 × 5
1 × 8	7 × 8	8 × 3	8 × 9	8 × 9	6 × 8	8 × 8	9 × 8	2 × 8	4 × 8
8 × 8	5 × 8	7 × 8	4 × 8	1 × 8	8 × 8	6 × 8	8 × 9	2 × 8	3 × 8

Notes

Day 90

Multiplying by 8

Name : . . . . Date : . . . .

Score : /100

Time : :

1 × 8	8 × 7	2 × 8	8 × 4	8 × 6	9 × 8	8 × 8	8 × 1	3 × 8	4 × 8
1 × 8	8 × 4	7 × 8	8 × 3	2 × 8	8 × 5	8 × 9	8 × 8	8 × 6	9 × 8
9 × 8	8 × 4	8 × 3	8 × 8	8 × 9	8 × 2	2 × 8	1 × 8	8 × 7	8 × 1
3 × 8	7 × 8	8 × 5	8 × 4	8 × 6	5 × 8	8 × 1	2 × 8	8 × 8	8 × 9
8 × 8	8 × 9	8 × 4	8 × 1	8 × 1	2 × 8	8 × 3	8 × 5	7 × 8	6 × 8
7 × 8	8 × 8	3 × 8	8 × 4	3 × 8	8 × 8	7 × 8	1 × 8	8 × 2	9 × 8
8 × 5	3 × 8	8 × 6	8 × 8	8 × 9	4 × 8	1 × 8	7 × 8	8 × 6	8 × 2
8 × 2	9 × 8	1 × 8	2 × 8	8 × 4	7 × 8	4 × 8	5 × 8	8 × 3	8 × 8
8 × 2	1 × 8	7 × 8	8 × 3	2 × 8	8 × 5	9 × 8	8 × 8	8 × 4	1 × 8
8 × 4	8 × 5	9 × 8	3 × 8	5 × 8	1 × 8	2 × 8	4 × 8	8 × 7	8 × 8

Notes

Day 91 — Multiplying by 9

Name : .... Date : ....   Score : /100   Time : :

9 ×9	9 ×1	7 ×9	5 ×9	9 ×4	9 ×6	3 ×9	5 ×9	9 ×2	9 ×8
9 ×9	9 ×3	6 ×9	4 ×9	8 ×9	2 ×9	1 ×9	9 ×5	7 ×9	9 ×7
5 ×9	9 ×9	4 ×9	3 ×9	9 ×8	9 ×5	1 ×9	9 ×9	9 ×7	9 ×7
9 ×1	9 ×6	3 ×9	7 ×9	9 ×1	9 ×2	5 ×9	9 ×9	9 ×8	4 ×9
9 ×2	9 ×9	9 ×8	9 ×1	3 ×9	2 ×9	4 ×9	9 ×5	7 ×9	9 ×3
9 ×2	7 ×9	5 ×9	9 ×7	4 ×9	1 ×9	9 ×9	5 ×9	9 ×3	9 ×8
9 ×2	9 ×1	5 ×9	9 ×8	9 ×9	4 ×9	3 ×9	9 ×2	9 ×6	7 ×9
9 ×5	9 ×8	8 ×9	9 ×3	9 ×9	9 ×4	7 ×9	1 ×9	1 ×9	9 ×7
9 ×9	9 ×1	9 ×2	9 ×7	9 ×6	9 ×9	9 ×8	4 ×9	5 ×9	3 ×9
7 ×9	9 ×8	9 ×5	6 ×9	1 ×9	3 ×9	5 ×9	4 ×9	9 ×9	9 ×7

Notes

Page : 91

Day92

Multiplying by 9

Name : . . . . Date : . . . .

Score : /100

Time : :

2 × 9	1 × 9	7 × 9	4 × 9	3 × 9	5 × 9	9 × 8	9 × 3	9 × 2	9 × 9
9 × 7	9 × 3	9 × 6	4 × 9	8 × 9	5 × 9	9 × 9	9 × 1	8 × 9	9 × 4
5 × 9	7 × 9	9 × 3	8 × 9	4 × 9	4 × 9	6 × 9	9 × 9	9 × 1	9 × 2
9 × 3	1 × 9	4 × 9	9 × 9	5 × 9	9 × 8	9 × 7	9 × 6	9 × 2	5 × 9
9 × 5	9 × 9	9 × 7	9 × 8	9 × 6	9 × 4	5 × 9	1 × 9	3 × 9	3 × 9
9 × 8	7 × 9	1 × 9	1 × 9	9 × 2	5 × 9	9 × 6	4 × 9	9 × 9	9 × 3
9 × 3	9 × 6	5 × 9	9 × 2	3 × 9	4 × 9	7 × 9	9 × 9	9 × 1	8 × 9
9 × 9	9 × 1	9 × 7	4 × 9	2 × 9	9 × 8	7 × 9	9 × 5	3 × 9	9 × 6
5 × 9	4 × 9	9 × 3	9 × 9	8 × 9	7 × 9	4 × 9	9 × 8	1 × 9	9 × 6
9 × 3	5 × 9	9 × 6	4 × 9	8 × 9	9 × 9	9 × 2	1 × 9	9 × 3	7 × 9

Notes

Day 93 — Multiplying by 9

Name : .... Date : ....   Score : /100   Time : :

5 ×9	9 ×9	9 ×7	3 ×9	9 ×8	9 ×1	9 ×9	9 ×6	9 ×4	8 ×9
9 ×8	9 ×9	6 ×9	9 ×1	3 ×9	5 ×9	9 ×7	9 ×1	9 ×4	4 ×9
9 ×2	9 ×4	9 ×3	9 ×1	5 ×9	9 ×7	8 ×9	9 ×6	9 ×9	9 ×4
9 ×9	9 ×1	9 ×2	9 ×5	9 ×1	9 ×7	8 ×9	4 ×9	9 ×9	3 ×9
9 ×6	9 ×7	9 ×5	9 ×9	9 ×2	3 ×9	9 ×9	9 ×8	4 ×9	9 ×1
3 ×9	9 ×3	9 ×7	4 ×9	8 ×9	9 ×9	9 ×9	1 ×9	9 ×2	5 ×9
9 ×5	9 ×4	6 ×9	9 ×9	9 ×6	7 ×9	3 ×9	9 ×8	5 ×9	9 ×1
9 ×9	4 ×9	9 ×6	9 ×8	7 ×9	9 ×2	9 ×2	3 ×9	5 ×9	1 ×9
1 ×9	4 ×9	7 ×9	9 ×8	3 ×9	9 ×9	9 ×3	9 ×4	5 ×9	9 ×2
4 ×9	5 ×9	9 ×1	7 ×9	7 ×9	3 ×9	9 ×3	9 ×8	2 ×9	9 ×9

Notes

Page: 93

Day 94 — Multiplying by 9

Name: .... Date: .... Score: /100 Time: :

9 × 5	9 × 9	2 × 9	9 × 7	9 × 3	9 × 2	9 × 4	8 × 9	9 × 1	9 × 8
4 × 9	7 × 9	9 × 9	9 × 8	9 × 7	9 × 4	6 × 9	9 × 1	3 × 9	5 × 9
9 × 8	9 × 3	9 × 6	8 × 9	9 × 7	9 × 4	5 × 9	9 × 5	1 × 9	9 × 9
9 × 4	1 × 9	7 × 9	9 × 7	9 × 9	9 × 8	3 × 9	8 × 9	9 × 2	5 × 9
9 × 4	5 × 9	9 × 9	9 × 2	9 × 8	9 × 7	9 × 7	9 × 6	1 × 9	3 × 9
8 × 9	9 × 2	9 × 7	9 × 1	4 × 9	9 × 9	9 × 5	9 × 3	4 × 9	9 × 6
4 × 9	9 × 9	8 × 9	9 × 4	9 × 5	9 × 6	7 × 9	9 × 3	9 × 1	9 × 2
9 × 9	3 × 9	9 × 6	9 × 1	7 × 9	9 × 4	9 × 5	8 × 9	1 × 9	4 × 9
9 × 5	9 × 8	3 × 9	9 × 1	5 × 9	7 × 9	9 × 2	9 × 8	9 × 4	9 × 9
9 × 3	5 × 9	7 × 9	1 × 9	3 × 9	2 × 9	9 × 4	1 × 9	8 × 9	9 × 9

Notes

Day95

Multiplying by 9

Name : . . . . Date : . . . .

Score : /100

Time : :

9 × 2	4 × 9	9 × 1	9 × 5	9 × 9	9 × 2	9 × 8	9 × 6	7 × 9	3 × 9
7 × 9	9 × 8	4 × 9	9 × 5	1 × 9	9 × 9	1 × 9	5 × 9	3 × 9	2 × 9
9 × 1	9 × 9	9 × 4	4 × 9	9 × 5	9 × 8	7 × 9	9 × 6	9 × 3	9 × 9
9 × 6	9 × 9	4 × 9	9 × 3	9 × 2	9 × 1	9 × 8	9 × 7	9 × 9	5 × 9
4 × 9	9 × 9	3 × 9	9 × 9	1 × 9	9 × 3	9 × 2	9 × 8	5 × 9	7 × 9
9 × 5	9 × 4	7 × 9	9 × 6	9 × 3	9 × 8	9 × 1	8 × 9	9 × 9	5 × 9
9 × 1	9 × 7	4 × 9	9 × 9	3 × 9	2 × 9	4 × 9	8 × 9	9 × 5	3 × 9
9 × 7	9 × 9	9 × 6	9 × 9	9 × 8	9 × 5	4 × 9	9 × 1	5 × 9	9 × 3
4 × 9	5 × 9	9 × 2	9 × 6	8 × 9	4 × 9	7 × 9	3 × 9	9 × 9	1 × 9
4 × 9	9 × 3	1 × 9	9 × 7	9 × 9	5 × 9	9 × 4	2 × 9	7 × 9	9 × 8

Notes

Day 96
Multiplying by 9

Name : .... Date : .... Score : /100 Time : :

2 × 9	9 × 5	9 × 9	9 × 2	9 × 3	1 × 9	3 × 9	4 × 9	9 × 8	9 × 7
9 × 4	9 × 7	9 × 2	9 × 3	9 × 9	1 × 9	8 × 9	9 × 6	5 × 9	9 × 1
9 × 8	9 × 9	9 × 7	9 × 7	3 × 9	4 × 9	9 × 5	2 × 9	9 × 1	3 × 9
5 × 9	9 × 8	3 × 9	1 × 9	5 × 9	9 × 4	4 × 9	9 × 7	9 × 9	9 × 9
9 × 7	9 × 1	7 × 9	3 × 9	9 × 5	9 × 6	9 × 4	8 × 9	4 × 9	9 × 9
9 × 1	9 × 3	9 × 6	4 × 9	7 × 9	2 × 9	5 × 9	9 × 9	8 × 9	4 × 9
5 × 9	6 × 9	1 × 9	9 × 2	3 × 9	4 × 9	7 × 9	9 × 9	8 × 9	1 × 9
7 × 9	8 × 9	9 × 9	9 × 4	9 × 3	9 × 6	5 × 9	1 × 9	9 × 7	2 × 9
9 × 2	9 × 8	9 × 4	9 × 7	9 × 3	1 × 9	9 × 5	1 × 9	6 × 9	9 × 9
9 × 9	9 × 3	4 × 9	9 × 8	9 × 3	1 × 9	5 × 9	9 × 5	9 × 7	9 × 4

Notes

Day 97

Multiplying by 9

Name : .... Date : ....   Score : /100   Time : :

9 × 5	9 × 6	9 × 7	9 × 4	3 × 9	2 × 9	8 × 9	1 × 9	9 × 1	9 × 9
5 × 9	7 × 9	4 × 9	9 × 9	8 × 9	1 × 9	3 × 9	9 × 7	9 × 4	9 × 2
9 × 8	9 × 6	9 × 1	9 × 9	4 × 9	3 × 9	9 × 2	3 × 9	5 × 9	9 × 7
1 × 9	9 × 2	9 × 8	2 × 9	4 × 9	9 × 7	9 × 5	8 × 9	9 × 3	9 × 9
9 × 9	9 × 7	9 × 4	9 × 8	9 × 6	9 × 5	5 × 9	9 × 3	1 × 9	9 × 2
9 × 9	1 × 9	2 × 9	3 × 9	5 × 9	9 × 7	7 × 9	8 × 9	9 × 6	4 × 9
9 × 9	9 × 6	5 × 9	9 × 4	8 × 9	9 × 1	9 × 5	4 × 9	9 × 3	7 × 9
7 × 9	3 × 9	9 × 9	4 × 9	8 × 9	9 × 6	5 × 9	9 × 1	9 × 2	1 × 9
9 × 3	5 × 9	8 × 9	9 × 4	4 × 9	9 × 9	5 × 9	7 × 9	6 × 9	1 × 9
9 × 6	4 × 9	9 × 3	9 × 4	9 × 7	9 × 8	9 × 4	9 × 9	1 × 9	5 × 9

Notes

Page: 97

Day 98
Multiplying by 9

Name : .... Date : ....

Score : /100

Time : :

9 × 1	9 × 9	3 × 9	4 × 9	9 × 4	1 × 9	9 × 5	9 × 8	2 × 9	9 × 7
8 × 9	9 × 7	9 × 3	2 × 9	9 × 6	1 × 9	9 × 2	4 × 9	9 × 9	9 × 5
5 × 9	9 × 9	9 × 1	3 × 9	8 × 9	9 × 6	9 × 2	7 × 9	4 × 9	7 × 9
8 × 9	9 × 5	4 × 9	1 × 9	9 × 4	5 × 9	7 × 9	3 × 9	9 × 9	6 × 9
4 × 9	1 × 9	9 × 5	9 × 7	9 × 6	9 × 2	9 × 8	9 × 9	9 × 5	9 × 3
9 × 6	9 × 9	9 × 9	9 × 3	9 × 1	9 × 7	5 × 9	4 × 9	2 × 9	9 × 8
4 × 9	9 × 5	9 × 1	7 × 9	9 × 4	3 × 9	9 × 2	3 × 9	9 × 9	8 × 9
3 × 9	9 × 6	9 × 9	5 × 9	9 × 1	7 × 9	8 × 9	9 × 7	9 × 4	8 × 9
9 × 1	9 × 8	9 × 9	9 × 2	9 × 9	5 × 9	9 × 6	9 × 7	9 × 4	9 × 3
9 × 6	9 × 9	9 × 8	6 × 9	7 × 9	9 × 1	3 × 9	4 × 9	9 × 5	9 × 9

Notes

Name: .... **Date**: ....

Score: /100

Time: :

8 × 9	2 × 9	9 × 3	4 × 9	9 × 7	9 × 4	1 × 9	9 × 5	1 × 9	9 × 9
5 × 9	9 × 1	8 × 9	6 × 9	1 × 9	9 × 5	9 × 3	9 × 4	7 × 9	9 × 9
8 × 9	1 × 9	9 × 6	9 × 7	9 × 8	9 × 4	9 × 9	9 × 1	9 × 3	9 × 5
9 × 4	3 × 9	9 × 2	9 × 7	4 × 9	9 × 6	9 × 9	1 × 9	9 × 5	8 × 9
9 × 9	1 × 9	9 × 7	9 × 5	9 × 6	9 × 4	9 × 4	9 × 8	3 × 9	9 × 2
9 × 4	9 × 2	9 × 8	5 × 9	9 × 9	9 × 1	4 × 9	7 × 9	9 × 3	9 × 1
9 × 2	9 × 9	1 × 9	8 × 9	3 × 9	9 × 5	9 × 4	9 × 5	7 × 9	9 × 3
9 × 9	9 × 3	9 × 2	4 × 9	6 × 9	9 × 1	5 × 9	9 × 7	9 × 9	9 × 8
5 × 9	4 × 9	8 × 9	1 × 9	9 × 4	8 × 9	2 × 9	9 × 9	3 × 9	9 × 7
4 × 9	9 × 2	9 × 9	5 × 9	9 × 7	9 × 1	9 × 8	9 × 3	4 × 9	9 × 6

Notes

Day 100
Multiplying by 9

Name : .... Date : .... Score : /100 Time : :

3 × 9	9 × 9	9 × 5	9 × 9	4 × 9	7 × 9	1 × 9	9 × 8	9 × 2	6 × 9
3 × 9	9 × 9	9 × 8	5 × 9	4 × 9	9 × 9	9 × 5	9 × 4	7 × 9	9 × 1
9 × 3	9 × 6	3 × 9	8 × 9	9 × 9	1 × 9	9 × 4	2 × 9	9 × 7	5 × 9
1 × 9	7 × 9	5 × 9	3 × 9	9 × 9	9 × 8	2 × 9	4 × 9	9 × 4	7 × 9
9 × 8	9 × 5	5 × 9	4 × 9	9 × 9	9 × 7	8 × 9	1 × 9	9 × 3	3 × 9
9 × 9	9 × 5	4 × 9	9 × 3	9 × 1	9 × 7	8 × 9	7 × 9	2 × 9	1 × 9
9 × 3	2 × 9	9 × 8	9 × 5	9 × 4	1 × 9	7 × 9	1 × 9	9 × 2	9 × 9
9 × 9	9 × 8	9 × 1	7 × 9	9 × 2	9 × 5	4 × 9	3 × 9	8 × 9	5 × 9
9 × 2	7 × 9	9 × 3	9 × 9	4 × 9	9 × 5	9 × 2	8 × 9	9 × 6	9 × 1
9 × 1	4 × 9	6 × 9	7 × 9	9 × 8	9 × 6	9 × 9	5 × 9	9 × 2	3 × 9

Notes

Day 101 Bonus Sheet

Name : .... Date : ....

Score : /100   Time : :

7×5	7×8	9×7	4×7	7×3	6×7	7×3	7×7	1×7	7×4
7×6	4×7	8×7	7×2	5×7	7×4	7×9	7×7	1×7	7×3
7×3	7×7	7×8	7×1	6×7	7×2	7×5	7×4	7×8	7×9
7×7	7×3	8×7	3×7	7×5	7×4	9×7	7×6	7×1	7×2
7×9	7×1	6×7	4×7	7×4	3×7	5×7	2×7	8×7	7×7
7×1	7×7	7×5	7×8	8×7	7×9	3×7	9×7	7×4	6×7
2×7	8×7	7×2	7×1	7×7	7×4	3×7	5×7	4×7	7×6
3×7	7×3	8×7	7×1	7×5	6×7	4×7	7×4	7×7	7×2
7×4	5×7	7×6	3×7	8×7	1×7	7×2	7×7	8×7	7×8
7×3	7×4	7×6	5×7	3×7	7×6	1×7	7×5	7×7	7×8

Notes

Page: 10

Key Answers

1 x 1 = 1 2 x 1 = 2 3 x 1 = 3 4 x 1 = 4 5 x 1 = 5 6 x 1 = 6 7 x 1 = 7 8 x 1 = 8 9 x 1 = 9 10 x 1 = 10 11 x 1 = 11 12 x 1 = 12	1 x 2 = 2 2 x 2 = 4 3 x 2 = 6 4 x 2 = 8 5 x 2 = 10 6 x 2 = 12 7 x 2 = 14 8 x 2 = 16 9 x 2 = 18 10 x 2 = 20 11 x 2 = 22 12 x 2 = 24	1 x 3 = 3 2 x 3 = 6 3 x 3 = 9 4 x 3 = 12 5 x 3 = 15 6 x 3 = 18 7 x 3 = 21 8 x 3 = 24 9 x 3 = 27 10 x 3 = 30 11 x 3 = 33 12 x 3 = 36	1 x 4 = 4 2 x 4 = 8 3 x 4 = 12 4 x 4 = 16 5 x 4 = 20 6 x 4 = 24 7 x 4 = 28 8 x 4 = 32 9 x 4 = 36 10 x 4 = 40 11 x 4 = 44 12 x 4 = 48	1 x 5 = 5 2 x 5 = 10 3 x 5 = 15 4 x 5 = 20 5 x 5 = 25 6 x 5 = 30 7 x 5 = 35 8 x 5 = 40 9 x 5 = 45 10 x 5 = 50 11 x 5 = 55 12 x 5 = 60

1 x 6 = 6 2 x 6 = 12 3 x 6 = 18 4 x 6 = 24 5 x 6 = 30 6 x 6 = 36 7 x 6 = 42 8 x 6 = 48 9 x 6 = 54 10 x 6 = 60 11 x 6 = 66 12 x 6 = 72	1 x 7 = 7 2 x 7 = 14 3 x 7 = 21 4 x 7 = 28 5 x 7 = 35 6 x 7 = 42 7 x 7 = 49 8 x 7 = 56 9 x 7 = 63 10 x 7 = 70 11 x 7 = 77 12 x 7 = 84	1 x 8 = 8 2 x 8 = 16 3 x 8 = 24 4 x 8 = 32 5 x 8 = 40 6 x 8 = 48 7 x 8 = 56 8 x 8 = 64 9 x 8 = 72 10 x 8 = 80 11 x 8 = 88 12 x 8 = 96	1 x 9 = 9 2 x 9 = 18 3 x 9 = 27 4 x 9 = 36 5 x 9 = 45 6 x 9 = 54 7 x 9 = 63 8 x 9 = 72 9 x 9 = 81 10 x 9 = 90 11 x 9 = 99 12 x 9 = 108

101 Days of Math Test

Copyright © 2020 by S.S. Publishing
All rights reserved. No part of this book may be reproduced or used in any manner without written permission of the copyright owner except for the use of quotations in a book review.

www.ingramcontent.com/pod-product-compliance
Lightning Source LLC
Chambersburg PA
CBHW081753100526
44592CB00015B/2411
* 9 7 8 1 9 5 2 5 2 4 5 9 2 *